职业院校财经类专业教学用书

涉税实务（第2版）

学习指导与练习

主　编　王翠玉

副主编　王晓铭　张　琴

電子工業出版社

Publishing House of Electronics Industry

北京 · BEIJING

内 容 简 介

本书是《涉税实务（第 2 版）》的配套教学用书。本书以现行税收政策为依据，按照主教材各章的顺序编写。每章由学习纲要、重点与难点解析、本章法规索引、强化训练等栏目组成。其中强化训练包括单项选择题、多项选择题、判断题、简答题、综合实训题等。

本书可供中等职业学校财经类专业学生学习“涉税实务”课程使用，也可以供从事相关工作的在职人员及自学者参考使用。

图书在版编目(CIP)数据

涉税实务（第 2 版）学习指导与练习 / 王翠玉主编. —北京：电子工业出版社，2014.6
职业院校财经类专业教学用书
ISBN 978-7-121-23310-4

Ⅰ. ①涉… Ⅱ. ①王… Ⅲ. ①税收会计－中等专业学校－教学参考资料 Ⅳ. ①F810.42

中国版本图书馆 CIP 数据核字（2014）第 107435 号

策划编辑：陈　虹
责任编辑：陈　虹
印　　刷：三河市鑫金马印装有限公司
装　　订：三河市鑫金马印装有限公司
出版发行：电子工业出版社
北京市海淀区万寿路 173 信箱　邮编　100036
开　　本：787×1 092　1/16　印张：7.75　字数：198.4 千字
印　　次：2014 年 6 月第 1 次印刷
印　　数：3 000 册　定价：20.00 元

凡所购买电子工业出版社图书有缺损问题，请向购买书店调换。若书店售缺，请与本社发行部联系，联系及邮购电话：（010）88254888。

质量投诉请发邮件至 zlts@phei.com.cn，盗版侵权举报请发邮件至 dbqq@phei.com.cn。

服务热线：（010）88258888。

前　言

为了帮助学生更好地学习和掌握税收基础知识及涉税事务的处理程序与方法，我们编写了这本与《涉税实务（第 2 版）》配套的学习指导与练习。

本书的编写遵循“以就业为导向”的职业教育教学指导思想，以现行税收政策和“涉税实务”课程教学基本要求为依据，各章顺序与主教材保持一致，注重培养学生对涉税事务的处理能力，力求以贴近实际的案例和灵活多样的练习与实训来达到税收课程的学习目标。每章由学习纲要、重点与难点解析、本章法规索引、强化训练等栏目组成。其中强化训练包括单项选择题、多项选择题、判断题、简答题、综合实训题等。

本书由王翠玉主编，王晓铭、张琴副主编，参加编写的人员还有（以姓氏笔画为序）：田晓静、刘大红、孙红、宋爱民、李晓东、李爱华、单玉萍、周远彬、高淑玲、高美英。

由于时间仓促，加之作者水平有限，书中不足之处在所难免，欢迎使用者批评指正。

编　者

目　录

第一章

税收基础知识

学习纲要

一、知识要点

1. 税收的含义

税收，也称为国家税收，是国家为满足社会公共需要，凭借公共权力，按照法律所规定的标准和程序，参与国民收入分配，强制地、无偿地取得财政收入的一种方式。

2. 税收的特征

税收作为政府筹集财政收入的一种规范形式，具有区别于其他财政收入形式的特点。税收的特征可以概括为强制性、无偿性和固定性。

3. 税收的职能作用

税收是财政收入的主要来源，组织财政收入是税收的基本职能；税收是调控经济运行的重要手段；税收是调节收入分配的重要工具；税收还具有监督经济活动的作用；在对外交往中，税收还具有维护国家权益的重要作用。

4. 税收制度

税收制度，是国家以法律形式规定的各种税收法律、法规的总称。它通常包括纳税人、征税对象、税率、税目、计税依据、纳税环节、纳税期限、纳税地点、减免和加征、违章处理等要素。

5. 税收制度的法律级次

税收制度的法律级次包括全国人民代表大会及其常务委员会制定的法律和有关规范性文件；国务院制定的行政法规和有关规范性文件；地方人民代表大会及其常务委员会制定的地方性法规和有关规范性文件，地方人民政府制定的地方政府规章和有关规范性文件；省以下税务机关制定的规范性文件。中国政府与外国政府签订的税收协定。

6. 税收分类

按征税对象的性质划分，可分为流转税、所得税、资源税、行为税和财产税；按照税收管理和使用权限划分，可分为中央税、地方税和中央地方共享税；按税收与价格的关系划分，可分为价内税和价外税；税收按计税标准划分，可分为从价税和从量税。

7. 纳税人的权利

纳税人的权利包括税收知情权；保密权；税收监督权；纳税申报方式选择权；申请延期申报权；申请延期缴纳税款权；申请退还多缴税款权；依法享受税收优惠权；委托税务代理权；陈述与申辩权；对未出示税务检查证和税务检查通知书的拒绝检查权；税收法律救济权；依法要求听证的权利；索取有关税收凭证的权利。

8. 纳税人的义务

纳税人的义务包括依法进行税务登记的义务；依法设置账簿、保管账簿和有关资料以及依法开具、使用、取得和保管发票的义务；财务会计制度和会计核算软件备案的义务；按照规定安装、使用税控装置的义务；按时、如实申报的义务；按时缴纳税款的义务；代扣、代收税款的义务；接受依法检查的义务；及时提供信息的义务；报告其他涉税信息的义务。

9. 税务登记

税务登记是指纳税人为依法履行纳税义务，就有关纳税事宜向税务机关办理登记的一种法定手续。税务登记包括设立税务登记；变更税务登记；注销税务登记；停业税务登记；复业税务登记；重新税务登记；税务登记验证、换证等。

10. 纳税申报

纳税申报是纳税人按照税法规定的期限和内容，向税务机关提交有关纳税事项书面报告的法律行为，是纳税人履行纳税义务、承担法律责任的主要依据，是税务机关税收管理信息的主要来源和税务管理的一项重要制度。

纳税申报有自行申报、邮寄申报、电子申报、银行网点申报、代理申报、简易申报等方式。

11. 税款征收

税款征收是税务机关依据国家税收法律、行政法规确定的标准和范围，通过法定程序将纳税人应纳税款组织征收入库的一系列活动。税款征收是税收征管活动的中心环节。

税款征收有查账征收、查定征收、查验征收、定期定额征收、代扣代缴、代收代缴、委托代征等方式。

二、能力目标

- 能够独立、熟练地办理各种税务登记手续。

- 掌握纳税申报的方法。
- 掌握税收法规的基本内容，增强分析、解决税收问题的基本能力。

三、情感目标

- 培养纳税人良好的权利义务意识。
- 树立爱国护税、依法纳税的观念，做一名合格的公民。
- 培养优秀的职业素养，做一名按时纳税的优秀办税员。

重点与难点解析

一、学习重点

- 税收制度及其构成要素。
- 纳税人在税收活动中所享有的权利和应尽的义务。
- 税务登记。
- 发票管理基本内容和要求。
- 纳税申报和税款征收的方式。

二、学习难点

- 税收方式和优惠政策。
- 设立税务登记、变更税务登记、注销税务登记的办理。
- 发票管理的基本内容。

本章法规索引

1.《中华人民共和国税收征收管理法》
2.《中华人民共和国税收征收管理法实施细则》
3.《中华人民共和国公司法》
4.《中华人民共和国会计法》
5.《企业财务会计报告条例》
6.《中华人民共和国发票管理办法》
7.《税务登记管理办法》
8.《中华人民共和国公司登记管理条例》
9.《中华人民共和国合伙企业登记管理办法》
10.《税收减免管理办法（试行）》

强化训练

一、单项选择题

1．税收的主体是（　　）。

A．国家和政府　　B．企业单位

C．个人　　D．税务机关

2．在国家财政收入中占比重最大的是（　　）。

A．税收　　B．国债收入

C．政府规费收入　　D．国有资产经营收入

3．税收凭借的是（　　）。

A．财产所有权　　B．政治权力

C．政治权力和财产所有权　　D．财产使用权

4．国家征税的法律依据是（　　）。

A．刑法　　B．经济法规

C．税法　　D．物权法

5．税收最基本的职能是（　　）。

A．组织收入　　B．调节经济

C．社会管理　　D．调节收入分配

6．税收按（　　）可分为流转税、所得税、资源税、行为税和财产税。

A．税收管理权限　　B．税负是否转嫁

C．征税对象的性质　　D．计税标准

7．下列税种中（　　）是价外税。

A．消费税　　B．增值税

C．营业税　　D．资源税

8．下列属于减免税形式的有（　　）。

A．起征点　　B．加成

C．加征额　　D．附加

9．税收减免权是根据（　　）有关政策对某些纳税人和征税对象给予优惠的权力。

A．国家　　B．地方政府

C．市政府　　D．省政府

10．从事生产、经营的纳税人应当自领取营业执照之日起（　　）内，设置总账、明细账、日记账及其他辅助税收账簿。

A．10 日　　B．15 日

C．20 日　　D．25 日

11．税收征收管理法规定，企业自领取营业执照之日起（　　）内，应持有关证件，向税务机关申报办理纳税登记。

A．5 日　　B．10 日

C．15 日　　D．30 日

12．税务机关对税务登记实行定期验证制度，一般（　　）验证一次。

A．1～1.5 年　　B．1～2 年

C．1～2.5 年　　D．1～3 年

13．纳税人未按规定期限办理税务登记、变更或注销登记的，税务机关责令限期改正；逾期不改正的，可处（　　）以下罚款。

A．500 元　　B．1 000 元

C．1 500 元　　D．2 000 元

14．宏达商贸股份有限公司为已办理税务登记的纳税人，今年 5 月份经有关部门批准增加注册资本，该企业应当办理（　　）。

A．开业税务登记　　B．注销税务登记

C．变更税务登记　　D．注册税务登记

15．以暴力、威胁方法拒不缴纳税款的，是（　　）。

A．偷税　　B．逃税

C．骗税　　D．抗税

16．经有权税务机关批准延期缴纳税款的，在批准的期限内（　　）。

A．不加收滞纳金　　B．应加收滞纳金

C．不收利息　　D．应收利息

二、多项选择题

1．国家征税的目的是（　　）。

A．参与社会产品的分配，取得物质财富，用于行使国家职能

B．满足公民物质文化生活的需要和各项法定权利的实现

C．积累资金用于工农业基础建设、公共设施建设、发展科学教育文化卫生等事业

D．积累资金，用于国防建设

2．税收具有（　　）的特点。

A．强制性　　B．固定性

C．无偿性　　D．自愿性

3．税收一般具有（　　）职能。

A．组织财政收入　　B．调控经济运行

C．社会管理　　D．调节收入分配

4．下列关于纳税人的说法正确的有（　　）。

A．纳税人即纳税主体

B．纳税人是纳税义务人的简称

C．纳税人包括法人和自然人

D．纳税人就是负税人

5．我国现行的税率主要有（　　）等形式。

A．比例税率　　B．累进税率

C．定额税率　　D．实物税率

6．现行税制中（　　）属于流转税。

A．增值税　　B．消费税

C．营业税　　D．车辆购置税

7．下列税中（　　）属于中央税。

A．关税　　B．增值税

C．消费税　　D．资源税

8．我国现行征收管理税收的机构有（　　）。

A．国家税务局　　B．地方税务局

C．海关　　D．国有资产管理局

9．我国的立法权属于全国最高权力机关，即（　　）。

A．全国人民代表大会　　B．财政部

C．全国人大常务委员会　　D．国家税务总局

10．税收征管的程序，一般可分为（　　）等步骤。

A．纳税登记、纳税申报　　B．税务稽查、税款征收

C．行政复议、补退税款　　D．自报、公议

三、判断题

1．所有的财政收入都是国家通过无偿的和强制的方式取得的。（　　）

2．经济发展水平是制约财政收入规模最基础、最重要的因素。（　　）

3．税收是一种无偿取得财政收入的形式。（　　）

4．国家征税的目的是为了实现其职能。（　　）

5．税收的无偿性是核心，强制性是保证。（　　）

6．征税对象是一个税种区别于另一个税种的主要区别。（　　）

7．国家税务总局是国务院的直属部门，是全国税务工作的领导机关。（　　）

8．纳税人改变单位名称或法人代表不需要办理税务登记。（　　）

9．纳税人在向税务机关报送纳税申报表时，不需要附送财务会计报表。（　　）

10．税款征收是税务机关依据税收法律从事的征收税款活动。（　　）

11．纳税人因不可抗力导致货币资金短缺，不足以缴纳税款的，经省、自治区、直辖市国家税务局、地方税务局批准，可以延期六个月缴纳税款。（　　）

12．纳税人、扣缴义务人或者其他当事人认为税务机关具体行政行为侵犯其合法权益，可向税务机关提出行政复议申请。（　　）

13．税务机关和税务人员在征纳税过程中违法行使职权，侵犯纳税人合法权益造成损害

的，受害人可以依法取得赔偿。　（　　）

14．取得税务师资格，从事税务代理业务，是一种很好的职业选择。　（　　）

15．取得税务师资格证书者，就可从事税务代理业务。　（　　）

四、简答题

1．什么是税收？其特征有哪些？如何理解税收的职能作用？

2．什么是税收制度？税收制度的构成要素有哪些？

3．什么是纳税义务人、代扣代缴人？

4．什么是征税对象？

5．什么是税率？税率有哪几种形式？

6．税收的优惠形式有哪些？

7．税收有哪些分类？按征税对象的性质税收可划分为哪几种？

8．纳税人在税收活动中享有哪些权利？应履行哪些纳税义务？

9．什么是税务登记？其有哪些种类？

10．简述设立税务登记的要求。

11．税收法规对会计账簿的设置有什么要求？

12．简述发票管理的主要内容。

13．什么是金税工程？金税工程三期的主要目标有哪些？

14．什么是纳税申报？纳税申报有哪几种方式？

15．纳税申报的内容主要有哪些？纳税申报的具体要求有哪些？

16．什么是税款征收？税款征收的方式有哪些？

17．对税务机关行使税务检查权有哪些规范要求？

18．明确具备什么条件才能获得税务师资格？取得税务师资格证书者，要从事税务代理业务，还需要具备什么条件？

19．结合《中华人民共和国税收征收管理法》中对违反税收征管法的处罚规定，谈谈对纳税人应严格履行依法纳税义务的理解。

五、综合实训题

1．填写税务登记表

（1）济南宏达经贸公司营业执照所记载的内容如下：

注册号：3701021286359；发证机关：济南市工商行政管理局；成立日期：2012 年 1 月 18 日；企业名称：济南宏达经贸有限公司；地址：济南市历下区明湖东路 68 号；法定代表人：李宝贵；注册资金：人民币 180 万元；经济性质：有限责任；经营方式和经营范围：生产加工、批发、零售快速食品；经营期限：长期。

（2）开户银行：中国工商银行济南明湖支行。

（3）账号：9620022839120065389。

（4）从业人数：62 人；财务负责人：刘娜；办税人员：李丽；电话：86567638，邮编：250011。

（5）低值易耗品采用一次摊销法摊销；固定资产折旧采用平均年限法。该公司无分支机构。

（6）投资者及其各方投资金额分别为：

李宝贵（身份证号码为 370111196609262537）：90 万元；范丽红（身份证号码为 370102195910172626）：50 万元；赵欣（身份证号码为 370105196810155762）：40 万元。

请根据以上资料填写税务登记表。

税务登记表

（适用单位纳税人）

国税档案号码：　　　　填表日期：　　　　纳税人识别号：

<table>
<tr><td>地税计算机代码</td><td colspan="3"></td><td colspan="2">纳税人名称</td><td colspan="2"></td></tr>
<tr><td>登记注册类型</td><td colspan="3"></td><td colspan="2">批准设立机关</td><td colspan="2"></td></tr>
<tr><td>组织机构代码</td><td colspan="3"></td><td colspan="2">批准设立证明或文件号</td><td colspan="2"></td></tr>
<tr><td>开业（设立）日期</td><td></td><td>生产经营期限</td><td></td><td>证照名称</td><td></td><td>证照号码</td><td></td></tr>
<tr><td>注册地址</td><td colspan="3"></td><td>邮政编码</td><td></td><td>联系电话</td><td></td></tr>
<tr><td>生产经营地址</td><td colspan="3"></td><td>邮政编码</td><td></td><td>联系电话</td><td></td></tr>
</table>

续表

核算方式	请选择对应项目打“√” □独立核算　　□非独立核算度	从业人数	____人，其中 外籍人数____
单位性质	请选择对应项目打“√” □企业　□事业单位　□社会团体　□民办非企业单位　□其他		
网站网址		国标行业	□□□□　□□□□　□□□□　□□□□
适用会计制度	请选择对应项目打“√” □企业会计制度　□小企业会计制度　□金融企业会计制度　□行政事业单位会计制度		
经营范围	请将法定代表人（负责人）身份证件复印件粘贴在此处。		

项目 / 内容 / 联系人	姓　　名	身份证件 种类	身份证件 号码	固定电话	移动电话	电子邮箱
法定代表人（负责人）						
财务负责人						
办税人						

税务代理人名称	纳税人识别号	联系电话	电子邮箱

注册资本或投资总额（人民币）	币种	金额	币种	金额	币种	金额

投资方名称	投资方经济性质	投资比例	证件种类	证件号码	国籍或地址

自然人投资比例		外资投资比例		国有投资比例	

分支机构名称	注册地址	纳税人识别号

续表

总机构名称			纳税人识别号		
注册地址			经营范围		
法定代表人姓名		联系电话		注册地址	
				邮政编码	
代扣代缴、代收代缴税款业务情况	代扣代缴、代收代缴税款业务内容			代扣代缴、代收代缴税种	
附报资料：					
经办人签章： ______年____月____日	法定代表人（负责人）签章： ______年______月______日			纳税人公章： ______年____月____日	

以下由税务机关填写：

纳税人所处街乡				隶属关系	
国税主管税务局		国税主管税务所（科）		是否属于国税、地税共管户	
地税主管税务局		地税主管税务所（科）			
经办人（签章）： 国税经办人：______ 地税经办人：______ 受理日期： ______年____月____日		国家税务登记机关 （税务登记专用章）： 核准日期： ______年____月____日 国税主管税务机关：		地方税务登记机关 （税务登记专用章）： 核准日期： ______年____月____日 地税主管税务机关：	
国税核发《税务登记证副本》数量： 本 发证日期：______年____月____日					
地税核发《税务登记证副本》数量： 本 发证日期：______年____月____日					

国家税务总局监制

2．填写税务变更登记表

接上题，2012 年 6 月 1 日，济南宏达经贸有限公司（纳税人识别号为 370101026338169）股东会决定注册资金增加到 220 万元，已在工商行政管理部门办妥增资手续，同时经营地址变更为经十东路 256 号。

请根据以上资料填写税务变更登记表。

税务变更登记表

纳税人识别号：□□□□□□□□□□□□□□□□□□□□

纳税人名称：

序 号	变更项目	变更前内容	变更后内容
1			
2			
3			
4			
5			
6			
7			
8			
送交证件情况：			
法定代表人（负责人）签章： 年 月 日			纳税人（签章）： 年 月 日
受理税务部门意见 经办人： 年 月 日			负责人： 年 月 日

注：本表一式三份，两份税务机关留存，一份交纳税人。

第二章

增 值 税

学习纲要

一、知识要点

1. 增值税的概念

增值税是对销售货物或者提供加工、修理修配劳务以及进口货物的单位和个人取得的增值额征收的一种税。

2. 增值税的征收范围

在中华人民共和国境内销售货物或提供加工、修理修配劳务、交通运输业和部分现代服务业服务以及进口货物都属于增值税的征税范围。

3. 一般纳税人的认定

要成为增值税一般纳税人，须向主管税务机关申请办理认定手续，以取得法定资格。

4. 增值税专用发票的开具范围

根据规定，一般纳税人销售应税项目，必须向购买方开具专用发票，但下列情形除外：向消费者销售应税项目；销售免税项目；销售报关出口的货物，在境外销售应税劳务；将货物用于非应税项目；将货物用于集体福利或个人消费；将货物无偿赠送他人；提供非应税劳务（应当征收增值税的除外），转让无形资产或销售不动产。

5. 专用发票的开具要求

专用发票的开具要求：项目齐全，与实际交易相符；字迹清楚，不得压线、错格；发票联和抵扣联加盖财务专用章或者发票专用章；按照增值税纳税义务的发生时间开具。

6. 增值税的税率

纳税人销售货物或者进口货物，提供加工、修理修配劳务，提供有形动产租赁服务，除特殊说明外，税率均为17%。

纳税人销售或者进口农产品、自来水、暖气、冷气、热水、煤气、石油液化气、天然气、沼气、居民用煤炭制品、图书、报纸、杂志、饲料、化肥、农药、农机和农膜、音像制品、电子出版物、二甲醚及国务院规定的其他货物，税率为13%。

提供交通运输业服务、邮政业服务、基础电信服务，税率为11%。

提供现代服务业服务（含增值电信服务，有形动产租赁服务除外），税率为6%。

纳税人出口货物以及财政部和国家税务总局规定的应税服务（试点地区的单位和个人提供的国际运输服务、向境外单位提供的研发服务和设计服务），税率为零。但是，国务院另有规定的除外。

7. 销项税额

销项税额是纳税人销售货物或者提供应税劳务，按照销售额和税法规定的税率计算，并向购买方收取的增值税额。其计算公式：销项税额=当期销售额×增值税税率。

8. 销售额

销售额是指纳税人销售货物或提供应税劳务向购买方收取的全部价款和价外费用，但不包含收取的销项税额。

9. 含税销售额的换算

含税销售额换算为不含税销售额的公式：销售额＝含税销售额÷（1＋税率）。

10. 视同销售行为销售额

对视同销售征税而无销售额的，主管税务机关有权按下列顺序确定其销售额：①按纳税人当月同类货物的平均销售价格确定；②按纳税人最近时期同类货物的平均销售价格确定；③按组成计税价格确定。

11. 准予从销项税额中抵扣的进项税额

①从销售方或者提供方取得的增值税专用发票上注明的增值税额；②从海关取得的海关进口增值税专用缴款书上注明的增值税额；③购进农产品，除取得增值税专用发票或者海关进口增值税专用缴款书外，按照农产品收购发票或者销售发票上注明的农产品买价和13%的扣除率计算的进项税额；④接受境外单位或者个人提供的应税服务，从税务机关或者境内代理人取得的解缴税款的中华人民共和国税收通用缴款书上注明的增值税额。

12. 不得从销项税额中抵扣的进项税额

不得从销项税额中抵扣的进项税额包括：①用于适用简易计税方法计税项目、非增值税应税项目、免征增值税项目、集体福利或者个人消费的购进货物、接受加工、修理修配劳务或者应税服务；②非正常损失的购进货物及相关的加工、修理修配劳务和交通运输业服务；③非正常损失的在产品、产成品所耗用的购进货物、加工、修理修配劳务或者交通运输业服务；④接受的旅客运输服务。⑤国务院财政、税务主管部门规定的纳税人自用消费品，如纳税人购进自用的应征消费税的摩托车、汽车、游艇（但作为提供交通运输业服务的运输工具和租赁服务标的物的除外）。

13. 销售业务纳税义务发生时间

纳税人销售货物或者提供应税劳务的，其纳税义务发生时间为收讫销售款或索取销售款凭据的当天；纳税人进口货物的纳税义务发生时间，为报关进口的当天；增值税扣缴义务发生时间为纳税人增值税纳税义务发生的当天。

二、能力目标

- 能够独立完成增值税一般纳税人纳税申报表的填写。
- 能够独立完成增值税小规模纳税人纳税申报表的填写。
- 学会作为优秀的办税员应如何按时申报与缴纳增值税。

三、情感目标

- 培养良好的职业道德，管理好增值税专用发票。
- 树立爱国护税的观念，争做一名诚信纳税、依法按时纳税的优秀办税员。

重点与难点解析

一、学习重点

- 增值税一般纳税人应纳税额的计算。
- 增值税小规模纳税人应纳税额的计算。
- 增值税的申报与缴纳。

二、学习难点

- 不得抵扣的进项税额的确定。
- 视同销售、混合销售和兼营销售方式下销售额的确定。
- 增值税应纳税额的计算。

本章法规索引

1.《中华人民共和国增值税暂行条例》
2.《中华人民共和国增值税暂行条例实施细则》
3.《财政部 国家税务总局关于全国实施增值税转型改革若干问题的通知》
4.《国家税务总局关于增值税一般纳税人认定有关问题的通知》

5.《国家税务总局关于调整增值税纳税申报有关事项的通知》
6.《增值税专用发票使用规定》
7.《税务机关代开增值税专用发票管理办法（试行）》
8.《增值税防伪税控系统管理办法》
9.《增值税防伪税控开票系统服务监督管理办法》
10.《增值税一般纳税人申请认定办法》
11.《国家税务总局关于印发<增值税一般纳税人纳税辅导期管理办法>的通知》
12.《国家税务总局关于外商投资企业、外国企业及外籍个人适用税种问题的通知》
13.《国家税务总局关于外商投资企业、外国企业及外籍个人适用税种问题的通知》
14.《营业税改征增值税试点方案》
15.《交通运输业和部分现代服务业营业税改征增值税试点实施办法》
16.《财政部 国家税务总局关于在全国开展交通运输业和部分现代服务业营业税改征增值税试点税收政策的通知》
17.《财政部 国家税务总局关于应税服务适用增值税零税率和免税政策的通知》
18.《总机构试点纳税人增值税计算缴纳暂行办法》
19.《财政部 国家税务总局关于交通运输业和部分现代服务业营业税改征增值税试点若干税收政策的通知》
20.《财政部 国家税务总局关于交通运输业和部分现代服务业营业税改征增值税试点若干税收政策的补充通知》
21.《国家税务总局关于营业税改征增值税试点有关税收征收管理问题的公告》
22.《营业税改征增值税试点有关企业会计处理规定》
23.《国家税务总局关于发布〈出口货物劳务增值税和消费税管理办法〉的公告》

强化训练

一、单项选择题

1．下列各项中应被认定为小规模纳税人的是（　　）。
A．某家具生产厂年应税销售额为 100 万元
B．某汽车修配厂年应税销售额为 60 万元
C．某大型批发商场年应税销售额为 90 万元
D．某零售商店年应税销售额为 70 万元

2．下列各项中，属于增值税应税项目的是（　　）。
A．建筑业务　　B．销售不动产业务
C．保险业务　　D．交通运输业务

3. 下列行为需要缴纳增值税的是（ ）。

A. 某热电厂销售热力　　B. 某房地产公司销售商品房

C. 某公司转让一项专利权　　D. 某旅游团提供导游服务

4. 自2012年1月1日起，小规模纳税人适用（ ）的征收率。

A. 3%　　B. 4%

C. 5%　　D. 6%

5. 下列属于增值税混合销售行为的是（ ）。

A. 电话局提供电话安装的同时销售电话

B. 建材商店销售建材的同时提供装饰装修服务

C. 塑钢门窗商店销售塑钢门窗，并为客户加工与安装

D. 汽车制造厂既生产销售汽车，又提供汽车修理服务

6. 一般纳税人购进货物所支付的运输费用，按（ ）的税率计算进项税额。

A. 3%　　B. 7%

C. 11%　　D. 13%

7. 纳税人采取赊销方式销售货物的，其增值税纳税义务发生的时间为（ ）。

A. 发出货物的当天

B. 收到货物的当天

C. 按合同约定的收款日期的当天

D. 签订合同的当天

8. 纳税人进口货物，应当自海关填发海关进口增值税专用缴款书之日起（ ）日内缴纳税款。

A. 5　　B. 7

C. 10　　D. 15

9. 增值税专用发票的（ ）由购货方作为付款的原始凭证。

A. 存根联　　B. 发票联

C. 抵扣联　　D. 记账联

10. 进口货物应纳增值税的组成计税价格是（ ）

A. 组成计税价格＝关税完税价格

B. 组成计税价格＝关税完税价格＋关税

C. 组成计税价格＝关税完税价格＋关税＋消费税

D. 组成计税价格＝关税完税价格＋关税＋增值税

二、多项选择题

1. 我国现行增值税的征收范围包括（ ）。

A. 销售货物

B. 提供加工、修理修配服务

C. 进口货物

D. 邮政服务

2．增值税纳税人的下列行为中，应视同销售货物行为征收增值税的有（　　）。

A．将委托加工的货物分配给股东

B．将自产的货物用于个人消费

C．销售代销货物

D．将购买的货物无偿赠送他人

3．将购买的货物用于（　　）属于不得抵扣的进项税额。

A．分配给股东　　B．个人消费

C．无偿赠送他人　　D．集体福利

4．下列各项中，应当征收增值税的有（　　）。

A．医院提供治疗服务

B．邮局提供邮政服务

C．汽车修理厂提供修车服务

D．商场销售空调并负责安装

5．下列各项征收增值税的货物中，适用于 13%低税率的有（　　）。

A．农产品　　B．自来水

C．暖气　　D．二甲醚

6．交通运输业“营改增”之前，一般纳税人购进所支付的运杂费中，可按 7%的扣除率计算扣除进项税额的项目包括（　　）。

A．运费　　B．建设基金

C．装卸费　　D．保险费

7．对视同销售征税而无销售额的，主管税务机关可按（　　）确定其销售额。

A．按纳税人当月同类货物的平均销售价格确定

B．按纳税人最近时期同类货物的平均销售价格确定

C．按组成计税价格确定

D．由纳税人自行确定

8．增值税专用发票的基本联次包括（　　）。

A．存根联　　B．发票联

C．抵扣联　　D．记账联

9．增值税纳税人销售货物的纳税期限可以为（　　）。

A．5 日　　B．10 日

C．15 日　　D．1 个月

10．增值税一般纳税人申报纳税时的必报资料包括（　　）。

A．《增值税纳税申报表（适用于增值税一般纳税人）》

B．《增值税纳税申报表附列资料（表一）》（本期销售情况明细）

C．《增值税纳税申报表附列资料（表二）》（本期进项税额情况明细）

D．《固定资产进项税额抵扣情况表》

三、判断题

1．不动产和无形资产的销售不征收增值税，而征收营业税。（　　）

2．纳税人出口货物，税率为零，国务院另有规定的除外。（　　）

3．小规模纳税人能开具增值税专用发票。（　　）

4．混合销售行为，是指纳税人的经营范围既包括销售货物、应税劳务，又包括提供非应税劳务。（　　）

5．采取以旧换新方式销售货物的，应按新货物的同期销售价格确定销售额，不得扣减旧货物的收购价格。（　　）

6．销售货物的应纳增值税起征点，为月销售额 1 000～2 000 元。（　　）

7．自 2012 年 1 月 1 日起，增值税一般纳税人购进固定资产发生的进项税额允许抵扣，从而实现了增值税由生产型向消费型的转换。（　　）

8．一般纳税人和小规模纳税人进口货物增值税应纳税额的计算方法不同。（　　）

9．纳税人以 1 个月为一期纳税的，自期满之日起 10 日内申报纳税。（　　）

10．固定业户缴纳增值税时，应向销售地主管税务机关申报纳税。（　　）

四、简答题

1．增值税的征税范围包括哪些？营业税改征增值税试点后，征收增值税的应税服务范围是怎样规定的？

2．判定一般纳税人和小规模纳税人的标准是什么？

3．一般纳税人销售货物时适用低税率的有哪些？

4．营业税改征增值税试点后，增值税纳税人和税率的规定有什么新变化？

5．混合销售和兼营销售方式下的销售额应如何确定？

6．单位和个体经营者的哪些行为，应视同销售货物计征增值税？

7．一般纳税人购入货物时发生的进项税额哪些不得抵扣？

8．一般纳税人的增值税应纳税额如何计算？

9．小规模纳税人的增值税应纳税额如何计算？

10．增值税专用发票的开具范围有哪些？

11．增值税专用发票的开具要求有哪些？

12．如何确定销售业务缴纳增值税义务发生的时间？

13．如何确定销售业务的纳税期限？

五、综合实训题

1．鸿达计算机公司2013年1月向全运会组委会赠送计算机200台，每台不含税价格为1万元，试计算该公司1月份需要计征增值税的销售额。

2．物美百货商场为增值税一般纳税人，增值税税率为17%。2013年2月，该商场实现销售价税合计为234 000元。试计算该商场12月份需要计征增值税的销售额。

3．某企业为增值税一般纳税人，2013 年 3 月初外购原材料一批，支付进项税额 30 万元。3 月下旬，因管理不善，造成这批原材料一部分发生被盗，经核实造成 1/3 的损失。试计算该企业 3 月份可以抵扣的进项税额。

4．曲湖家具厂为增值税一般纳税人，2013 年 5 月发生以下经济业务。

（1）外购生产用设备一台，取得对方开具的增值税专用发票上注明增值税税额 2 万元，已办理验收入库手续。

（2）外购用于生产家具的木材一批，全部价款已付并验收入库，取得对方开具的增值税专用发票注明增值税税额 10 万元；运输单位开具的运输业增值税专用发票注明运输费用 3 万元，税额 0.33 万元。

（3）向商场销售家具一批，取得销售额（含税）93.6 万元。

试计算：该家具厂 5 月份增值税应纳税额。

5. 振兴机械加工厂为小规模纳税人，2013 年 6 月发生如下经济业务：购进原材料一批，取得的增值税专用发票上注明货款 5 万元，增值税税额 0.85 万元；销售产品一批，取得收入 9.27 万元（含税），并开具普通发票。

试计算：该机械加工厂 6 月份增值税应纳税额。

6. 金桥进出口公司 2013 年 7 月从某国进口小轿车 100 辆，每辆货价为 7 万元，运抵我国输入口岸前的包装费、运费、保险和其他劳务费共计 50 万元。已知该种型号小轿车关税税率为 25%，消费税税率为 12%。

试计算：该外贸进出口公司 7 月份增值税应纳税额。

7．华维汽车制造厂为增值税一般纳税人，2013 年 7 月发生如下经济业务。

（1）购进用于汽车生产的钢材一批，取得的增值税专用发票上注明税款共 800 万元。

（2）销售汽车取得不含税收入 9 000 万元。

（3）兼营汽车修理修配业务取得不含税收入 30 万元。

（4）用于汽车修理修配业务所购进的原材料取得的增值税专用发票上注明的税款共 4 万元。

（5）兼营汽车租赁业务取得收入 50 万元。

该厂分别核算汽车销售、汽车修理修配、汽车租赁业务的营业额。

试计算：该汽车制造厂 7 月份增值税应纳税额。

8．环宇运输公司属于小规模纳税人，2014 年 2 月发生下列业务：

（1）取得客运收入 19.98 万元，替保险公司代收保险费 200 元，付给境外运输企业运费 15 万元。

（2）取得货运收入 30 万元，支付给其他联运单位运费 10 万元。

（3）销售货物并负责运输取得收入 16 万元。

请计算：该公司 2 月份应纳增值税税额。

9．齐鲁昌盛公司为股份企业，其主要资料如下所示。
地址：中华路 188 号
电话：78956238
开户行：中国工商银行中华路分理处
账号：545623647548627
纳税人识别号：370101044536128
法人代表：杨博
2013 年 1 月份发生如下经济业务。

产品销售额合计为 100 000 元，共开具增值税专用发票 5 份。其中：适用税率为 17%的应税货物的专用发票 2 张，销售额 40 000 元；适用税率为 13%的应税货物的专用发票 1 张，销售额 30 000 元；提供修理修配劳务开具专用发票 2 张，销售额 30 000 元，税额 5 100 元。1 月份购进生产用原材料取得增值税专用发票 3 张，金额 50 000 元，税额 8 500 元；购进生产设备一台取得增值税专用发票 1 张，金额 20 000 元，税额 3 400 元。

试计算昌盛公司 1 月份增值税应纳税额并填写“增值税纳税申报表”。

增值税纳税申报表
（适用于增值税一般纳税人）

根据国家税收法律法规及增值税相关规定制定本表。纳税人不论有无销售额，均应按税务机关核定的纳税期限填写本表，并向当地税务机关申报。

税款所属时间：自　　年　月　日至　　年　月　日　填报日期：　年　月　日　　金额单位：元至角分

纳税人识别号					所属行业：	
纳税人名称	（公章）	法定代表人姓名		注册地址	生产经营地址	
开户银行及账号		登记注册类型			电话号码	

项目		栏次	一般货物、劳务和应税服务		即征即退货物、劳务和应税服务	
			本月数	本年累计	本月数	本年累计
销售额	（一）按适用税率计税销售额	1				
	其中：应税货物销售额	2				
	应税劳务销售额	3				
	纳税检查调整的销售额	4				
	（二）按简易计税办法计税销售额	5				
	其中：纳税检查调整的销售额	6				
	（三）免、抵、退办法出口销售额	7			—	—
	（四）免税销售额	8			—	—
	其中：免税货物销售额	9			—	—
	免税劳务销售额	10			—	—
税款计算	销项税额	11				
	进项税额	12				
	上期留抵税额	13		—		—
	进项税额转出	14				
	免抵退货物应退税额	15			—	—
	按适用税率计算的纳税检查应补缴税额	16			—	—
	应抵扣税额合计	17		—		—
	实际抵扣税额	18				
	应纳税额	19				
	期末留抵税额	20		—		—
	简易计税办法计算的应纳税额	21				
	按简易计税办法的纳税检查应补缴税额	22			—	—
	应纳税额减征额	23				
	应纳税额合计	24				

续表

项目		栏次	一般货物、劳务和应税服务		即征即退货物、劳务和应税服务	
			本月数	本年累计	本月数	本年累计
税款缴纳	期初未缴税额（多缴为负数）	25				
	实收出口开具专用缴款书退税额	26			—	—
	本期已缴税额	27				
	①分次预缴税额	28		—		—
	②出口开具专用缴款书预缴税额	29		—	—	—
	③本期缴纳上期应纳税额	30				
	④本期缴纳欠缴税额	31				
	期末未缴税额（多缴为负数）	32				
	其中：欠缴税额（≥0）	33		—		—
	本期应补（退）税额	34		—		—
	即征即退实际退税额	35	—	—		
	期初未缴查补税额	36			—	—
	本期入库查补税额	37			—	—
	期末未缴查补税额	38			—	—

授权声明	如果你已委托代理人申报，请填写下列资料：为代理一切税务事宜，现授权（地址）为本纳税人的代理申报人，任何与本申报表有关的往来文件，都可寄予此人。 授权人签字：	申报人声明	此纳税申报表是根据《中华人民共和国增值税暂行条例》的规定填报的，我相信它是真实的、可靠的、完整的。 声明人签字：

以下由税务机关填写：

收到日期：　　　　接收人：　　　　主管税务机关盖章：

第三章

消费税

学习纲要

一、知识要点

1. 消费税的征收范围

消费税的征收范围为：在中华人民共和国境内生产、委托加工和进口《消费税暂行条例》规定的消费品。

2. 消费税的税目

消费税的税目包括：烟；酒及酒精；化妆品；贵重首饰及珠宝玉石；鞭炮、焰火；成品油；汽车轮胎；摩托车；小汽车；高尔夫球及球具；高档手表；游艇；木制一次性筷子；实木地板。

3. 消费税的纳税人

在中华人民共和国境内生产、委托加工和进口条例规定的消费品的单位和个人，以及国务院确定的销售条例规定的消费品的其他单位和个人，为消费税的纳税人。

4. 消费税的税率

我国现行消费税税率分别采用比例税率、定额税率和复合税率三种形式，以适应不同消费品的实际情况。

5. 消费税的计税方法和计税依据

消费税有从量定额、从价定率及从量定额与从价定率相结合的复合计税三种计税方法；其计税依据有销售数量和销售额两种。

6. 消费税从量定额的计算

应纳税额=应纳消费税数量×定额税率

7. 消费税从价定率的计算

应纳税额=应税消费品的销售额×比例税率

8. 应税消费品销售额的确定

纳税人对外销售其生产的应税消费品，其销售额为向购货方收取的全部价款和价外费用，但不包括应向购货方收取的增值税税额；自产自用应税消费品如果用于连续生产、继续加工成应税消费品不需缴税，若将自产应税消费品用于除生产以外的其他方面，应在自产应税消费品移送使用时按同类消费品的销售价格计算缴纳消费税，如果没有同类消费品销售价格的，可按组成计税价格计算纳税；委托加工的应税消费品，应当按照同类消费品的销售价格计算纳税，如果没有同类消费品销售价格的，可以按照组成计税价格计算纳税；进口的应税消费品，应当按照组成计税价格计算纳税，计算公式：

组成计税价格=（关税完税价格＋关税）÷（1－消费税比例税率）

应纳税额＝组成计税价格×比例税率

二、能力目标

- 能够熟练说出消费税的税目及所适用的税率。
- 独立计算消费税的应纳税额。
- 学会作为优秀办税员应如何按时申报与缴纳消费税。

三、情感目标

- 培养良好的职业道德素养。
- 爱国护税，做一名按时纳税的优秀办税员。

重点与难点解析

一、学习重点

- 消费税的税目及适用税率。
- 消费税的应纳税额计算。
- 消费税的纳税期限和地点及具体申报与缴纳方法。

二、学习难点

- 消费税应纳税额的计算。
- 纳税申报表的填写与使用。

本章法规索引

1.《中华人民共和国消费税暂行条例》
2.《中华人民共和国消费税暂行条例实施细则》
3.《国家税务总局关于使用消费税纳税申报表有关问题的通知》
4.《财政部 国家税务总局关于调整和完善消费税政策的通知》
5.《国家税务总局关于印发<调整和完善消费税政策征收管理规定>的通知》
6.《消费税征收范围注释[国税发〔1993〕153 号]》
7.《消费税若干具体问题的规定[国税发〔1993〕156 号]》
8.《国家税务总局关于发布〈出口货物劳务增值税和消费税管理办法〉的公告》
9.《国家税务总局关于印发〈消费税问题解答〉的通知》
10.《财政部 国家税务总局关于调整烟产品消费税政策的通知》

强化训练

一、单项选择题

1．下列各项中，应征收消费税的是（　　）。

A．高档手表　　B．摄像机
C．自行车　　D．电视机

2．下列各项中，实行从量定额和从价定率相结合的复合计税方法计算消费税的是（　　）。

A．化妆品　　B．汽车轮胎
C．啤酒　　D．卷烟

3．消费税是选择部分消费品列举品目征收的，目前，我国的消费税共列举了（　　）个税目的征税范围。

A．14　　B．11
C．9　　D．8

4．纳税人自产自用的应税消费品，其纳税义务的发生时间为（　　）。

A．收款日期的当天
B．移送使用的第二天
C．移送使用的当天
D．销售合同规定的收款日期的当天

5．化妆品适用的消费税税率为（　　）。

A．10%　　B．30%
C．15%　　D．35%

6．纳税人委托加工的应税消费品，应当按照同类消费品的销售价格计算纳税，如果没有同类消费品销售价格的，可以按照组成计税价格计算纳税，组成计税价格计算公式为（　　）。

A．组成计税价格＝材料成本÷（1－消费税税率）

B．组成计税价格＝（材料成本＋加工费）÷（1－消费税税率）

C．组成计税价格＝（关税完税价格＋关税）÷（1－消费税税率）

D．组成计税价格＝（成本＋利润）÷（1－消费税税率）

7．卷烟的定额税率为每标准箱（　　）元。

A．150　　B．100

C．200　　D．180

8．进口的应税消费品，实行从价定率办法计算应纳税额，按照（　　）计算纳税。

A．完税价格　　B．消费品价格

C．组成计税价格　　D．同类商品价格

9．纳税人用委托加工收回的应税消费品连续生产应税消费品，在计算纳税时，其委托加工应税消费品的已纳消费税税款应按下列办法处理（　　）。

A．该已纳税款不得扣除

B．该已纳税款当期可全部扣除

C．该已纳税款当期可扣除50%

D．可对收回的委托加工应税消费品当期动用部分的已纳税款予以扣除

10．某酒厂2013年12月销售粮食白酒12 000斤，售价为5元/斤，连同包装物一起销售，另取得包装物价值共计6 200元；将特制的粮食白酒2斤（单价80元），干红酒2斤（单价70元）组成礼品盒，本月销售礼品盒6 000套，每套售价为300元/盒。该企业12月应纳消费税（　　）元（题中的价格均为不含税价格）。

A．483 000　　B．351 000

C．352 550　　D．484 550

二、多项选择题

1．消费税的纳税环节分为（　　）。

A．生产环节　　B．批发环节

C．零售环节　　D．进口环节

2．消费税是对我国境内从事生产、委托加工应税消费品的单位和个人，就其（　　）在特定环节征收的一种税。

A．销售额　　B．所得额

C．销售数量　　D．生产额

3．消费税纳税人发生下列行为，其具体纳税地点是（　　）。

A．纳税人到外县（市）销售应税消费品的，应向销售地税务机关申报缴纳消费税

B．纳税人直接销售应税消费品的，应当向纳税人核算地主管税务机关申报纳税

C．委托非个体经营者加工应税消费品的，由受托方向其所在地主管税务机关解缴消费税税款

D．进口应税消费品，由进口人或者其代理人向报关地海关申报纳税

4．我国消费税分别采用（　　　）的计征方法。

A．从价定率　　　　B．从量定额

C．从价定额　　　　D．从量定额和从价定率相结合

5．实行从量定额与从价定率相结合征税办法的产品有（　　　）。

A．卷烟　　　　B．啤酒

C．粮食白酒　　　　D．薯类白酒

6．应征收消费税的产品有（　　　）。

A．将自产的应税消费品拿来奖励职工

B．将出厂前的化妆品进行化学检验

C．委托加工的应税消费品

D．自行车轮胎

7．下列情况下，可按委托加工应税消费品的规定征收消费税的有（　　　）。

A．由委托方提供原料、主要材料和全部辅助材料加工的应税消费品

B．由受托方代垫原料，委托方提供辅助材料加工的应税消费品

C．受托方先将原材料卖给委托方，然后再接受加工的应税消费品

D．由委托方提供原料和主要材料，受托方代垫部分辅助材料加工的应税消费品

8．下列单位中属于消费税纳税人的有（　　　）。

A．零售化妆品的商店

B．委托加工高档手表的单位

C．批发烟酒的贸易公司

D．进口实木地板的单位

9．关于应税消费品销售额的确定，下列表述正确的有（　　　）。

A．应税消费品的销售额包括向购买方收取的增值税款

B．随同应税消费品出售的包装物，无论是否单独计价，也无论会计上如何核算，均应并入销售额中征收消费税

C．自产自用的应税消费品，按照本企业同类产品的销售价格确定销售额

D．随同应税消费品出售的包装物，其适用的消费税税率和应税消费品的消费税税率相同

10．下列情况中，应征收消费税的有（　　　）。

A．将应税消费品发给职工使用

B．用于广告的化妆品

C．舞台、戏剧、影视演员化妆用的上妆油、卸妆油

D．体育发令枪用的焰火剂

三、判断题

1．纳税人自产自用的应税消费品无论用途如何均应缴纳消费税。（　　）

2．消费税在消费品的生产、流通、消费的每一个环节都要征税。（　　）

3．纳税人委托加工收回的应税消费品直接出售的，不再征收消费税。（　　）

4．企业受托加工应税消费品所代收代缴的消费税，在采用组成计税价格计税时，组成计税价格的构成应当是材料成本与加工费之和。（　　）

5．纳税人兼营不同税率应税消费品的，一律从高适用税率。（　　）

6．纳税人进口应税消费品，其纳税义务发生时间为报关进口的当天。（　　）

7．纳税人到外县销售应税消费品，应当于应税消费品销售后，向销售地主管税务机关申报缴纳。（　　）

8．消费税的纳税期限分别为1日、3日、5日、10日、15日、1个月或者1个季度。（　　）

9．纳税人采取赊销或分期收款方式销售应税消费品的，其纳税义务发生的时间为销售合同约定的收款日期的当天。（　　）

10．某生产企业本月接受委托加工应税消费品（没有同类消费品销售价格），收取的加工费为18万元、增值税3.06万元；委托方提供的原材料成本为585万元。该生产企业代收代缴的消费税为106.41万元（应税消费品消费税税率为15%）。（　　）

四、简答题

1．消费税的征收范围有哪些？

2．消费税计算应纳税额的方法有哪几种？

3．消费税的税目和税率是如何设置的？

4．消费税的纳税期限是如何规定的？

5．缴纳消费税时应填报哪些材料？

五、综合实训题

1．甲企业委托乙企业加工一批烟丝，甲企业为乙企业提供原材料等，提供的原材料实际成本 30 000 元，生产过程中乙企业代垫的原材料成本为 5 000 元，支付乙企业加工费 2 000 元，已知烟丝消费税率为 30%，受托方无该批烟丝同类消费品的销售价格。请计算乙企业应代扣代缴的消费税额。

2．甲卷烟厂委托乙烟丝加工厂加工一批烟丝，卷烟厂提供的烟叶在委托加工合同上注明的成本金额为 60 000 元，烟丝加工完，卷烟厂提货时支付的加工费用为 3 700 元，并支付了烟丝加工厂按烟丝组成计税价格计算的消费税税款，卷烟厂将这批加工好的烟丝全部用于生产甲类卷烟并予以对外销售。向购货方开具的增值税专用发票上注明的价税合计金额为 1 053 000 元。请计算销售卷烟的应纳消费税税款。

3．宁元石化厂当月销售汽油 15 吨、柴油 6 吨。另提供本厂基建工程车辆、设备使用柴油 2 吨。计算当月该厂应缴纳的消费税税款。

4．力驰摩托车生产企业为增值税的一般纳税人，2014 年 2 月发生以下经济业务：

（1）6 日，销售汽缸容量 125mL 的摩托车 60 辆，不含税价格为 5 000 元/辆。适用消费税税率为 3%。

（2）22 日，将自行研制生产的汽缸容量为 500mL 的新型摩托车 10 辆赞助给本市交警使用，生产成本为 12 000 元，摩托车全国平均成本利润率为 6%，适用的消费税税率为 10%。请计算该企业本月应缴纳的消费税税额。

5．顺义康卷烟厂 2014 年 2 月生产并销售甲类卷烟 50 箱（每箱 50 000 支），该批卷烟每标准条（200 支）的调拨价格为 80 元。请计算顺义康卷烟厂该月卷烟应纳的消费税税额。

6．某餐饮公司 2013 年 7 月销售自酿的啤酒 6 吨，本月本企业内部员工聚餐消费这种自酿的啤酒 1 吨，已知该种啤酒的消费税税率为 250 元/吨。请计算：该餐饮公司本月应缴纳的消费税税额。

7．玉涵卷烟厂 2013 年 10 月发生如下经济业务：

（1）购买一批烟叶，取得增值税专用发票注明的价款为 10 万元，增值税为 1.7 万元。

（2）将购进的烟叶发往立领烟厂，委托立领烟厂加工成烟丝，收到的专用发票注明的加工费为 3 万元，税款为 0.51 万元，立领烟厂代垫辅助材料费 2 万元，立领烟厂无同类烟丝销售价格。

（3）玉涵卷烟厂收回烟丝后将一半用于某牌号的卷烟的生产，另一半直接出售，取得价款 8 万元，增值税 1.36 万元。

（4）玉涵卷烟厂销售该牌号卷烟 100 标准箱，不含税销售价 15000 元/箱。

根据以上资料回答下列问题：

① 委托立领卷烟厂加工的烟丝的组成计税价格为多少万元？

② 立领卷烟厂代收代缴的消费税税额为多少万元？

③ 玉涵卷烟厂当月应纳消费税税额为多少万元？

④ 填写“烟类应税消费品消费税纳税申报表”。

烟类应税消费品消费税纳税申报表

税款所属期： 年 月 日至 年 月 日

纳税人名称（公章）：

纳税人识别号：□□□□□□□□□□□□□□□□□□□

填表日期： 单位：卷烟万支、雪茄烟支、烟丝千克；金额单位：元（列至角分）

项目 应税 消费品名称	适用税率		销售数量	销售额（元）	应纳税额（元）
	定额税率	比例税率			
甲类卷烟	30元/万支	56%			
乙类卷烟	30元/万支	36%			
雪茄烟	—	36%			
烟丝	—	30%			
合计	—	—	—		

	声明 此纳税申报表是根据国家税收法律的规定填报的，我确定它是真实的、可靠的、完整的。 经办人（签章）： 财务负责人（签章）： 联系电话：
本期准予扣除税额：	
本期减（免）税额：	
期初未缴税额：	
本期缴纳前期应纳税额：	如果你已委托代理人申报，请填写 授权声明 为代理一切税务事宜，现授权__________（地址）______为本纳税人的代理申报人，任何与本申报表有关的往来文件，都可寄予此人。 授权人签章：
本期预缴税额：	
本期应补（退）税额：	
期末未缴税额：	

以下由税务机关填写

受理人（签章）： 受理日期： 年 月 日 受理税务机关（章）：

第四章

营 业 税

学习纲要

一、知识要点

1. 营业税的征收范围

在我国境内提供应税劳务、转让无形资产或者销售不动产的经营行为均须缴纳营业税。

根据营业税改征增值税试点的有关规定，在境内提供交通运输业和部分现代服务业服务（如陆路运输服务、水路运输服务、航空运输服务、管道运输服务、邮政普遍服务、邮政特殊服务、其他邮政服务、电信业服务、研发和技术服务、信息技术服务、文化创意服务、物流辅助服务、有形动产租赁服务、鉴证咨询服务、广播影视服务等）已改征增值税，不再缴纳营业税。

2. 营业税的纳税人

在我国境内提供应税劳务、转让无形资产或者销售不动产的单位和个人，为营业税的纳税人。根据营业税改征增值税试点的有关规定，在境内提供交通运输业和部分现代服务业服务的单位和个人，已成为增值税纳税人，不再属于营业税纳税人。

3. 营业税的扣缴义务人

中华人民共和国境外的单位或者个人在境内提供应税劳务、转让无形资产或者销售不动产，在境内未设有经营机构的，以其境内代理人为扣缴义务人；在境内没有代理人的，以受让方或者购买方为扣缴义务人。营业税的扣缴义务人具体为：①单位或者个人进行演出由他人售票的，其售票者为扣缴义务人；②个人转让专利权、非专利技术、商标权、著作权、商誉等无形资产的，其受让者为扣缴义务人。

4. 营业税纳税义务发生时间

营业税纳税义务发生时间为纳税人提供应税劳务、转让无形资产或者销售不动产并收讫营业收入款项或者取得索取营业收入款项凭据的当天；营业税扣缴义务发生时间为纳税人营业税纳税义务发生的当天。

5. 营业税的起征点

对于经营营业税应税项目的个人，营业税规定起征点。①按期纳税的，为月营业额5000～20 000元；②按次纳税的，为每次（日）营业额300～500元。纳税人营业额未达到营业税起征点的，免征营业税；达到起征点的，依照规定全额计算缴纳营业税。

二、能力目标

- 能够灵活掌握各税目的计税方法。
- 能够独立完成营业税纳税申报表的填写。
- 学会作为优秀办税员应如何按时申报与缴纳营业税。

三、情感目标

- 培养实事求是、依法纳税的职业素养。
- 增强法治意识，做一名按时纳税的优秀办税员。

重点与难点解析

一、学习重点

- 掌握营业税的有关法律规定。
- 不同行业的应纳营业税额的正确计算。
- 营业税的申报与缴纳。

二、学习难点

- 不同行业应纳营业税额的比较计算方法。

本章法规索引

1．《中华人民共和国营业税暂行条例》

2．《中华人民共和国营业税暂行条例实施细则》

3．《财政部 国家税务总局关于交通运输业和部分现代服务业营业税改征增值税试点若干税收政策的通知》

强化训练

一、单项选择题

1．下列各项应作为营业税计税依据的是（　　）。

A．建筑企业不扣除其转包工程额的全部承包额

B．家电修理部进行空调上门维修收取的修理费

C．旅行社组团在境内旅游收取的全部旅游费

D．娱乐业向顾客收取的包括烟酒、饮料、水果等在内的各项费用

2．下列经营者中，属于营业税纳税人的是（　　）。

A．从事修理业的个人

B．发生销售货物并负责运输所售货物的运输单位

C．将饭店承包给他人经营的发包人

D．将不动产出租给他人的工厂

3．按期缴纳营业税的起征点为月营业额（　　）元。

A．50　　B．100

C．1 000～5 000　　D．5 000～20 000

4．下列（　　）属于文化业的征收范围。

A．歌厅　　B．音乐茶座

C．高尔夫球　　D．时装表演

5．下列收入中免征营业税的有（　　）。

A．植物园收取的门票收入

B．文化馆开办的少儿美术班收取的培训费用

C．寺庙出售的纪念品收入

D．农科院为农民举办的农作物病虫害防治培训班收取的培训费

6．下列项目属于营业税应税项目的是（　　）。

A．商业批发、零售

B．销售房屋

C．从事加工、修理修配业务

D．单位员工为本单位提供应税劳务

7．下列营业税纳税义务人中，应向其机构所在地主管税务机关申报纳税的是（　　）。

A．承包的工程跨省、自治区、直辖市的

B．提供的应税劳务发生在外县（市）的

C．销售不动产的

D．提供应税劳务的

8．下列行为中不应缴纳营业税的有（　　）。

A．发生在境内的应税劳务

B．在境内组织旅客出境旅游
C．销售境内的不动产
D．境内保险机构为出口货物提供的保险
9．以下有关营业税应税行为，正确的是（　　）。
A．指无偿提供应税劳务的行为
B．指无偿转让不动产所有权的行为
C．指有偿转让无形资产所有权或使用权的行为
D．单位或个体经营者聘用的员工也属于营业税的征收范围
10．下列（　　）不属于转让无形资产征收范围。
A．转让土地使用权　　B．转让商标权
C．转让专利权　　D．转让土地所有权

二、多项选择题

1．下列项目中免征营业税的有（　　）。
A．残联举办的服务行业
B．残疾人员本人提供的应税劳务
C．养老院收取的老人入院费
D．养老院举办的对外餐饮业
2．计征营业税的营业额包括（　　）。
A．提供应税劳务收取的全部价款和价外费
B．转让无形资产收取的全部价款和价外费
C．销售不动产收取的全部价款和价外费
D．加工修理收取的全部价款和价外费
3．下列混合销售行为中应征营业税的有（　　）。
A．商场卖货负责运输并统一核算
B．商场卖货并负责安装调试并统一核算
C．影院销售饮料
D．音乐茶座销售点心等小吃
4．（　　）属于交通运输业的征收范围。
A．铁路运输业　　B．公路运输业
C．水上运输业　　D．航空运输业
5．属于扣缴义务人的是（　　）。
A．境外单位或个人在境内发生应税行为时的扣缴义务人
B．境内单位或个人在境外发生应税行为时的扣缴义务人
C．建筑业的扣缴义务人
D．转让无形资产的扣缴义务人

6．下列（　　）属于服务业的计税依据。

A．代理业、旅店业营业额的确定

B．饮食业、旅游业营业额的确定

C．商家商品销售营业额的确定

D．广告业营业额的确定

7．下列营业项目，其营业税纳税地点正确的是（　　）。

A．销售不动产，向其机构所在地主管税务机关申报纳税

B．从事运输业务，向其机构所在地主管税务机关申报纳税

C．承包的工程跨省、自治区、直辖市的，向其机构所在地主管税务机关申报纳税

D．提供应税劳务，应当向应税劳务发生地主管税务机关申报纳税

8．下列转让房产所有权应纳营业税的有（　　）。

A．销售商品房

B．个人将私有房产赠与亲属

C．单位将房产无偿赠与他人

D．个人交换私有住房

9．下列经营项目属于营业税劳务的有（　　）。

A．从事建筑安装工程作业

B．从事加工、修理修配业务（增值税）

C．从事运输业务

D．从事商品零售业务（增值税）

10．营业额是纳税人向对方收取的全部价款和价款之外取得的一切费用，如（　　）。

A．手续费　　B．服务费

C．基金　　D．集资费

三、判断题

1．个人转让无形资产的，以受让人为营业税扣缴义务人。（　　）

2．纳税人兼有不同税目的应当缴纳营业税的劳务等，应当分别核算不同税目的营业额，未分别核算营业额的，从高适用税率。（　　）

3．加工、修理修配劳务属于服务性劳务，应当征收营业税。（　　）

4．纳税人销售不动产，应在其机构所在地主管税务机关申报纳税。（　　）

5．病虫害防治以及相关技术培训业务的收入免征营业税。（　　）

6．按次纳税的起征点为每次（日）营业额 50 元。（　　）

7．某餐厅既经营饮食业又经营娱乐业，营业税税率娱乐业定为 20%，饮食业为 5%。该餐厅未分别核算两项业务的营业额，只能都按娱乐业 20%的税率征税。（　　）

8．人民银行属中央银行，是管理金融机构的机关，所以人民银行对金融机构及企业的贷款或委托金融机构发放的贷款一律不征营业税。（　　）

9．台（桌）球、高尔夫球、保龄球属于文化体育业征税范围。（　　）

10．销售不动产的计税依据为纳税人销售不动产而向购买方收取的全部价款和价外费用。（　　）

四、简答题

1．营业税的概念和征收范围分别是什么？

2．营业税的纳税人和扣缴义务人的定义是什么？

3．营业税应纳税额如何计算？

4．营业税减免税项目包括什么？

5．营业税的起征点如何规定？

五、综合实训题

1．和平建筑安装公司承揽一项建筑安装工程，工程价款为250 000元，所安装的计入安装工程产值的设备价款为45 000元。请计算该公司应缴纳的营业税税额。

2．东江旅游公司组织 20 人去桂林旅游，每人收取旅游费 2000 元，旅游中由公司支付每人房费 150 元，餐费 100 元，交通费 100 元，门票等费用 50 元。请计算旅游公司组织这次旅游应纳的营业税。

3．华明建筑工程公司 2013 年 6 月取得工程收入 100 万元，出租吊车取得租赁收入 2 万元，转让一项土地使用权取得转让收入 1 000 万元。请计算该建筑公司当月应纳营业税。

4．洋洋广告公司 9 月取得广告业务收入 30 万元，支付给其他单位制作费 5 万元；办理广告代理业务取得收入 12 万元，其中支付给电视台广告发布费 8 万元。请分析该广告公司应交增值税还是营业税，并请计算其应纳税额。

5. 中诚展览馆2013年9月收取门票收入20万元，展览馆内的餐饮部取得收入5万元。请计算该展览馆本月应纳营业税额。

6. 花冠歌舞团于2013年9月来A市演出。由A市人民影剧院提供场所，并由A市人民影剧院售票。共收取门票收入20万元，其中支付经纪人1万元，支付A市人民影剧院场地租金4万元。请计算该歌舞团、A市人民影剧院和经纪人各自应纳的营业税额。

7. 环宇运输公司2013年9月发生下列业务。

（1）取得客运收入19.98万元，替保险公司代收保险费200元，付给境外运输企业运费15万元。

（2）取得货运收入30万元，支付给其他联运单位运费10万元。

（3）销售货物并负责运输取得收入16万元。

（4）出租一间仓库，取得租金收入10万元。

请计算：该公司应交增值税还是营业税？请计算其应纳税额。

8．山东泰成有限公司，税务登记号：15151512345678；法定代表人：黄光；注册地址：济南市天桥区和谐路90号；开户银行：中国建设银行天桥支行；账号：15161724689

企业登记注册类型：有限责任公司；电话：80818283。该公司成立于2001年，执行《企业会计制度》，下设餐饮部、培训部、租赁部、娱乐城等部门。2014年2月发生以下经济业务。

（1）餐饮部营业额150 000元。

（2）培训部举办文化专题讲座取得收入25 000元。

（3）娱乐城取得台位费50 000元，点歌费30 000，销售烟酒、饮料收入20 000元。

要求：

（1）计算本月应交的营业税；

（2）填写“营业税纳税申报表”。

营业税纳税申报表

填表日期：　年　月　日

纳税编码：

纳税人识别号：　　　　　　　　　　　　　　　　　　　　金额单位：元（列至角分）

<table>
<tr><td colspan="2">纳税人名称</td><td colspan="5"></td><td colspan="3">税款所属时期</td><td colspan="2"></td></tr>
<tr><td rowspan="2">行次</td><td rowspan="2">经营项目</td><td colspan="5">营业额</td><td rowspan="2">税率</td><td colspan="4">本期</td></tr>
<tr><td>全部收入</td><td>不征税项目</td><td>减除项目</td><td>减免税项目</td><td>应税营业额</td><td>应纳税额</td><td>减免税额</td><td>预缴税额</td><td>应补（退）税额</td></tr>
<tr><td>1</td><td>2</td><td>3</td><td>4</td><td>5</td><td>6</td><td>7＝3-4-5-6</td><td>8</td><td>9＝7×8</td><td>10＝6×8</td><td>11</td><td>12＝9-11</td></tr>
<tr><td></td><td></td><td></td><td></td><td></td><td></td><td></td><td></td><td></td><td></td><td></td><td></td></tr>
<tr><td></td><td></td><td></td><td></td><td></td><td></td><td></td><td></td><td></td><td></td><td></td><td></td></tr>
<tr><td></td><td></td><td></td><td></td><td></td><td></td><td></td><td></td><td></td><td></td><td></td><td></td></tr>
<tr><td></td><td></td><td></td><td></td><td></td><td></td><td></td><td></td><td></td><td></td><td></td><td></td></tr>
<tr><td colspan="2">合计</td><td></td><td></td><td></td><td></td><td></td><td></td><td></td><td></td><td></td><td></td></tr>
</table>

<table>
<tr><td>如纳税人填报，由纳税人填写以下各栏</td><td colspan="4">如委托代理人填报，由代理人填写以下各栏</td><td>备注</td></tr>
<tr><td rowspan="3">会计主管（签章）
纳税人（公章）</td><td>代理人名称</td><td colspan="2"></td><td rowspan="3">代理人
（公章）</td><td rowspan="3"></td></tr>
<tr><td>地址</td><td colspan="2"></td></tr>
<tr><td>经办人</td><td>电话</td><td></td></tr>
<tr><td colspan="6">以下由税务机关填写</td></tr>
<tr><td>收到申报表日期</td><td colspan="2"></td><td>接收人</td><td colspan="2"></td></tr>
</table>

第五章

企业所得税

学习纲要

一、知识要点

1. 企业所得税的纳税人

在中华人民共和国境内，企业和其他取得收入的组织（以下统称企业）为企业所得税的纳税人。包括国有企业、私营企业、联营企业、股份制企业、外商投资企业和外国企业、有生产经营所得和其他所得的组织；不包括个人独资企业和合伙企业。

2. 企业所得税的征税对象

企业所得税的征税对象为企业取得的所得，包括销售货物所得、提供劳务所得、转让财产所得、股息红利等权益性投资所得、利息所得、租金所得、特许权使用费所得、接受捐赠所得和其他所得。

其具体征税范围包括：①我国企业应当就其来源于我国境内、境外的所得缴纳企业所得税；②管理机构设在我国的外国企业应当就其来源于我国境内、境外的所得缴纳企业所得税；③管理机构不设在我国的外国企业在我国境内设立机构、场所的，应当就其所设机构、场所取得的来源于我国境内的所得，以及发生在我国境外但与其所设机构、场所有实际联系的所得，缴纳企业所得税；④管理机构不设在我国的外国企业在我国境内未设立机构、场所的，或者虽设立机构、场所但取得的所得与其所设机构、场所没有实际联系的，应当就其来源于我国境内的所得缴纳企业所得税。

3. 应纳税所得额

应纳税所得额是指企业每一纳税年度的收入总额，减除不征税收入、免税收入、各项扣除项目以及允许弥补以前年度亏损后的余额。应纳税所得额是企业所得税的计税依据。

4. 收入总额

收入总额包括企业以货币形式和非货币形式从各种来源取得的收入。收入的内容具体包括：销售货物收入、提供劳务收入、转让财产收入、股息、红利等权益性投资收益、利息收入、租金收入、特许权使用费收入、接受捐赠收入和其他收入。

5. 不征税收入

不征税收入包括财政拨款、依法收取并纳入财政管理的行政事业性收费、政府性基金以及国务院规定的其他不征税收入。

6. 扣除项目

计算应纳税所得额时准予扣除的项目，包括成本、费用、税金、损失及其他支出。

7. 限定条件准予扣除项目的范围和标准

企业发生的合理的工资薪金支出，准予扣除；

企业发生的职工福利费支出，不超过工资薪金总额14%的部分，准予扣除；

企业拨缴的工会经费，不超过工资薪金总额2%的部分，准予扣除；

企业发生的职工教育经费支出，不超过工资薪金总额2.5%的部分，准予扣除；超过部分，准予在以后纳税年度结转扣除；

企业依照国务院有关主管部门或者省级人民政府规定的范围和标准为职工缴纳的基本养老保险费、基本医疗保险费、失业保险费、工伤保险费、生育保险费等基本社会保险费和住房公积金，准予扣除；企业为投资者或者职工支付的补充养老保险费、补充医疗保险费，在国务院财政、税务主管部门规定的范围和标准内，准予扣除；企业依照国家有关规定为特殊工种职工支付的人身安全保险费和国务院财政、税务主管部门规定可以扣除的其他商业保险费以外，企业为投资者或者职工支付的商业保险费，不得扣除；

企业在生产经营活动中向金融企业借款的利息支出，向非金融企业借款的利息支出，不超过按照金融企业同期同类贷款利率计算的数额的部分，准予扣除；

企业发生的与生产经营活动有关的业务招待费支出，按照发生额的60%扣除，但最高不得超过当年销售（营业）收入的5‰；

企业发生的符合条件的广告费和业务宣传费支出，除国务院财政、税务主管部门另有规定外，不超过当年销售（营业）收入15%的部分，准予扣除；超过部分，准予在以后纳税年度结转扣除；

企业依照法律、行政法规有关规定提取的用于环境保护、生态恢复等方面的专项资金，准予扣除，上述专项资金提取后改变用途的，不得扣除；

企业参加财产保险，按照规定缴纳的保险费，准予扣除；

企业根据生产经营活动的需要租入固定资产支付的租赁费，以经营租赁方式租入固定资产发生的租赁费支出，按照租赁期限均匀扣除；以融资租赁方式租入固定资产发生的租赁费支出，按照规定构成融资租入固定资产价值的部分应当提取折旧费用，分期扣除；

企业发生的合理的劳动保护支出，准予扣除；

企业发生的公益性捐赠支出，不超过年度利润总额12%的部分，准予扣除。

8. 加计扣除的项目

企业可以在计算应纳税所得额时加以扣除的支出有：① 企业为开发新技术、新产品、新工艺发生的研究开发费用未形成无形资产计入当期损益的，在按照规定据实扣除的基础上，按照研究开发费用的50%加计扣除；形成无形资产的，按照无形资产成本的150%摊销；② 企业安置残疾人员的，在按照支付给残疾职工工资据实扣除的基础上，按照支付给残疾职工工资的100%加计扣除。

9. 不得扣除的项目

在计算应纳税所得额时不得扣除的支出：①向投资者支付的股息、红利等权益性投资收益款项；②企业所得税税款；③税收滞纳金；④罚金、罚款和被没收财物的损失；⑤《中华人民共和国企业所得税法》第九条规定以外的捐赠支出；⑥赞助支出。赞助支出，是指企业发生的与生产经营活动无关的各种非广告性质支出；⑦未经核定的准备金支出。未经核定的准备金支出，是指不符合国务院财政、税务主管部门规定的各项资产减值准备、风险准备等准备金支出；⑧与取得收入无关的其他支出。

10. 固定资产计税基础的确定

① 外购的固定资产，以购买价款和支付的相关税费以及直接归属于使该资产达到预定用途发生的其他支出为计税基础；

② 自行建造的固定资产，以竣工结算前发生的支出为计税基础；

③ 融资租入的固定资产，以租赁合同约定的付款总额和承租人在签订租赁合同过程中发生的相关费用为计税基础，租赁合同未约定付款总额的，以该资产的公允价值和承租人在签订租赁合同过程中发生的相关费用为计税基础；

④ 盘盈的固定资产，以同类固定资产的重置完全价值为计税基础；

⑤ 通过捐赠、投资、非货币性资产交换、债务重组等方式取得的固定资产，以该资产的公允价值和支付的相关税费为计税基础；

⑥ 改建的固定资产，以改建过程中发生的改建支出，增加计税基础。

11. 准予扣除的固定资产折旧

固定资产按照直线法计算的折旧，准予扣除；

企业应当自固定资产投入使用月份的次月起计算折旧；停止使用的固定资产，应当自停止使用月份的次月起停止计算折旧。

12. 固定资产计算折旧的最低年限

①房屋、建筑物，为20年；②飞机、火车、轮船、机器、机械和其他生产设备，为10年；③与生产经营活动有关的器具、工具、家具等，为5年；④飞机、火车、轮船以外的运输工具，为4年；⑤电子设备，为3年。

13. 无形资产的计税基础

① 外购的无形资产，以购买价款和支付的相关税费以及直接归属于使该资产达到预定用途发生的其他支出为计税基础；

② 自行开发的无形资产，以开发过程中该资产符合资本化条件后至达到预定用途前发生的支出为计税基础；

③ 通过捐赠、投资、非货币性资产交换、债务重组等方式取得的无形资产，以该资产的公允价值和支付的相关税费为计税基础。

14. 亏损弥补

企业上年度发生亏损，可以当年所得弥补，当年不足弥补的，可以逐年弥补，但弥补期最长不超过 5 年。弥补期从亏损年度后一年算起，连续 5 年内不论是盈利或亏损，都作为实际弥补年限计算。5 年内又发生年度亏损，也必须从亏损年度后一年算起，先亏先补，按顺序连续计算补亏期限，不允许将每个亏损年度的亏损相加和连续弥补期相加，更不得断开计算。

15. 按月（季）预缴税款的计算

应预缴所得税额＝累计利润总额×适用税率－减免所得税额－实际已预缴的所得税额

或＝上年应纳税所得额×1/12（或 1/4）×适用税率

16. 年终汇算清缴企业所得税的计算

全年应纳所得税额＝全年应纳税所得额×适用税率－减免税额－抵免税额

多退少补所得税额＝全年应纳所得税额－月（季）已预缴所得税额

17. 企业所得税纳税地点

除税收法律、行政法规另有规定外，居民企业以企业登记注册地为纳税地点；但登记注册地在境外的，以实际管理机构所在地为纳税地点；非居民企业在中国境内设立机构、场所的，应当就其机构、场所取得的来源于中国境内的所得，以及发生在中国境外但与其设立机构、场所有实际联系的所得，以其机构、场所所在地为纳税地点；非居民企业在中国境内未设立机构、场所，或虽设立机构、场所但取得的所得与其机构、场所没有实际联系的所得，以扣缴义务人所在地为纳税地点。

18. 企业所得税纳税期限

企业所得税按纳税年度计算，分月或分季预缴。纳税年度自公历年度 1 月 1 日至 12 月 31 日；企业应当自年度终了之日起 5 个月内，向税务机关报送年度企业所得税申报表，并汇算清缴，结清应缴应退税款；企业在一个纳税年度中间开业，或者终止经营活动，应当以实际经营期为一个纳税年度；企业依法清算时，应当以清算期间作为一个纳税年度；企业在年度中间终止经营活动的，应当自实际经营中止之日起 60 天内，向税务机关办理当期所得税汇算清缴。

二、能力目标

- 能够熟练说出所得税计税收入、扣除项目及所适用的税率。
- 学会计算企业所得税应纳税额。
- 学会作为优秀办税员应如何按时申报与缴纳消费税。

三、情感目标

- 培养良好的职业道德素养。
- 做一名按时纳税的优秀办税员。

重点与难点解析

一、学习重点

- 收入总额确定。
- 免税收入。
- 扣除费用的规定标准。
- 应纳税所得额的确定。
- 应纳税额计算。
- 企业所得税的纳税申报。

二、学习难点

- 收入总额确定。
- 免税收入。
- 扣除费用的规定标准。
- 纳税申报表的填写与使用。

本章法规索引

1.《中华人民共和国企业所得税法》
2.《中华人民共和国企业所得税法实施条例》
3.《特别纳税调整实施办法（试行）》
4.《非居民企业所得税源泉扣缴管理暂行办法》
5.《国家税务总局关于调整新增企业所得税征管范围问题的通知》
6.《国家税务总局关于企业工资薪金及职工福利费扣除问题的通知》

7.《财政部 国家税务总局 民政部关于公益性捐赠税前扣除有关问题的通知》

8.《企业研究开发费用税前扣除管理办法（试行）》

9.《中华人民共和国企业所得税年度纳税申报表》

10.《高新技术企业认定管理办法》

11.《企业资产损失所得税税前扣除管理办法》

12.《非居民企业所得税核定征收管理办法》

13.《企业重组业务企业所得税管理办法》

强化训练

一、单项选择题

1．下列各项中，不属于企业所得税征税范围的是（　　）。

A．居民企业来源于境外所得

B．非居民企业来源于中国境内所得

C．非居民企业来源于中国境外所得，与所设机构没有实际联系

D．在中国设立机构、场所的非居民企业，取得的境内所得与其所设机构、场所有实际联系的所得

2．根据企业所得税的规定，以下适用 25%税率的是（　　）。

A．在中国境内未设立机构、场所的非居民企业

B．在中国境内虽设立机构、场所但取得所得与其机构、场所没有实际联系的非居民企业

C．在中国境内设立机构、场所且取得所得与其机构、场所有实际联系的非居民企业

D．所有的非居民企业

3．根据企业所得税的规定，以下收入中属于不征税收入的是（　　）。

A．财政拨款

B．在中国境内设立机构、场所的非居民企业连续持有居民企业公开发行并上市流通的股票不足 12 个月取得投资收益

C．非营利组织从事营利性活动取得的收入

D．国债利息收入

4．在计算应纳税所得额时，下列关于扣除项目标准的说法中不正确的是（　　）。

A．企业计提的合理的工资、薪金支出准予据实扣除

B．企业计提的职工福利费支出，不超过工资薪金总额 14%的部分准予扣除

C．企业发生的合理的劳动保护费支出，准予扣除

D．诉讼费用不得扣除

5．富顿企业 2013 年度销售自产服装收入 1 500 万元，销售边角余料收入 200 万元，为合作单位提供服装的裁剪劳务收入 100 万元，出租房屋收入 200 万元，从被投资企业分回

的投资收益 100 万元，接受捐赠收入 50 万元。当年实际发生业务招待费 20 万元，该企业当年可在所得税前列支的业务招待费金额为（　　）万元。

A．10　　B．12　　C．15　　D．20

6．吴江公司为居民纳税人，2013 年计入成本、费用的实发工资总额为 520 万元，支出职工福利费 80 万元、职工教育经费 10 万元，拨缴职工工会经费 10.4 万元，该企业 2013 年计算应纳税所得额时准予在税前扣除的工资和三项经费合计为（　　）万元。

A．579.6　　B．566.8　　C．608.8　　D．613.2

7．2012 年度，发达公司财务资料显示，2013 年主营业务收入 2 000 万元，其他业务收入 220 万元。收入对应的成本合计为 1 350 万元，期间费用为 200 万元，营业外支出 100 万元（其中 65 万元为公益性捐赠支出），上年度企业自行计算亏损 50 万元，经税务机关核定的亏损为 30 万元。企业在所得税前可以扣除的捐赠支出为（　　）万元。

A．68.4　　B．65　　C．64.8　　D．62.4

8．企业缴纳的以下税金中，可以直接在税前扣除的是（　　）。

A．契税　　B．房产税　　C．车辆购置税　　D．增值税

9．启明公司为居民企业，2013 年实际发生的工资、薪金支出为 100 万元，计提三项经费 18.5 万元，其中福利费本期发生 12 万元，拨缴的工会经费为 2 万元，已经取得工会拨缴收据，实际发生职工教育经费 2.5 万元，该企业 2013 年计算应纳税所得额时，应调增应纳税所得额为（　　）万元。

A．2　　B．1.5　　C．0　　D．2.5

10．光来机械制造厂因扩大生产规模新建厂房，由于自有资金不足，2013 年 1 月 1 日向银行借入长期借款 1 笔，金额 2 000 万元，贷款年利率是 4%，2013 年 5 月 1 日该厂房开始建设，12 月 31 日房屋竣工结算，则 2013 年度该企业可以在税前直接扣除的该项借款费用是（　　）万元。

A．26.67　　B．33.33　　C．53.33　　D．80

二、多项选择题

1．下列各项中，属于企业所得税征税范围的有（　　　）。

A．居民企业来源于境外的所得

B．设立机构、场所的非居民企业，其机构、场所来源于中国境内的所得

C．未设立机构、场所的非居民企业来源于中国境外的所得

D．居民企业来源于中国境内的所得

2．《企业所得税法》中所称应纳税所得额，是指企业每一纳税年度的收入总额，减除（　　　）后的余额。

A．不征税收入　　B．免税收入

C．各项准予扣除项目　　D．允许弥补的以前年度亏损

3．以下利息费用可以在计算企业所得税时，据实扣除的有（　　　）。

A．金融企业的各项存款利息支出

B．非金融企业向非金融企业借款的利息支出
C．企业经批准发生债券的利息支出
D．金融企业同业拆借利息支出
4．计算企业所得税应纳税所得额时，根据规定，下列支出不得扣除的有（　　　）。
A．向投资者支付的股息　　　　B．企业所得税税款
C．税收滞纳金　　　　D．合理的会议费
5．下列各项中，属于《企业所得税法》规定的免税收入的有（　　　）。
A．符合条件的非营利组织的收入
B．符合条件的居民企业之间的股息、红利等权益性投资收益
C．财政拨款
D．国债利息收入
6．根据《企业所得税法》的规定，下列支出项目中，在计算企业所得税应纳税所得额时，不得扣除的有（　　　）。
A．税收滞纳金　　　　B．银行按规定加收的罚息
C．被没收财物的损失　　　　D．未经核定的准备金支出
7．依据企业所得税法的规定，判定居民企业的标准有（　　）。
A．登记注册地标准　　　　B．所得来源地标准
C．经营行为实际发生地标准　　　　D．实际管理机构所在地标准
8．在中国境内未设立机构、场所的非居民企业从中国境内取得的下列所得，应按收入全额计算征收企业所得税的有（　　）。
A．股息　　　　B．转让财产所得
C．租金　　　　D．特许权使用费
9．下列项目中，应计入应纳税所得额的有（　　　）。
A．非金融企业让渡资金使用权的收入
B．因债权人原因确定无法支付的应付款项
C．事业单位收到的财政拨款
D．将自产货物用于职工福利
E．固定资产的盘盈收入
10．根据企业所得税法的规定，下列支出可以在计算应纳税所得额时扣除的有（　　　）。
A．企业为投资者支付的商业保险
B．企业之间支付的管理费
C．企业发生的合理的劳动保护支出
D．企业依照法律、行政法规有关规定提取的用于环境保护的专项资金
11．下列各项中，是我国企业所得税的纳税人的有（　　　）。
A．有限责任公司　　　　B．合伙企业
C．个人独资企业　　　　D．外商投资企业

三、判断题

1．在外国成立实际管理机构不在中国境内的企业，不是企业所得税的纳税义务人。（　　）

2．企业购置用于环境保护、节能节水、安全生产等专用设备的投资额，可以按一定比例减计应纳税所得额。（　　）

3．居民企业应当就其来源于中国境内、境外的所得缴纳企业所得税；非居民企业应当就其来源于中国境内的所得缴纳企业所得税。（　　）

4．在计算企业的纳税所得额时，企业的不征税收入用于支出所形成的费用或者财产，不得扣除。（　　）

5．除国务院另有规定外，企业之间不得合并缴纳企业所得税。（　　）

6．企业对外投资的成本，无论何时均不得扣除。（　　）

7．常年处于强震动、高腐蚀状态的固定资产，可以缩短折旧年限或加速折旧的方法计提折旧。（　　）

8．非居民企业的扣缴义务人依法未扣缴或无法履行扣缴义务的，由非居民企业在所得发生地缴纳。（　　）

9．企业开发新技术发生的研究开发费用，未形成资产的计入当期损益。（　　）

10．开开公司2013年度应税所得额为27万元，从业人数为30人，资产总额为300万元，2013年适用的税率是20%。（　　）

四、复习题

1．如何分辨居民纳税人和非居民纳税人？

2．如何确定应纳税所得额？

3．职工福利费、工会经费、教育经费税前如何扣除？

4．计算企业所得税时哪些项目不得税前扣除？

5．如何确定广告费与业务招待费的税前扣除比例？

6．企业所得税的纳税范围包括哪些？

7．不征税收入与免税收入各包括哪些内容？

8．企业所得税的纳税地点与期限有何规定？

9．企业所得税法规定的税收优惠政策有哪些？

10．怎样填报企业所得税预缴纳税申报表？

11．企业所得税年报应填报哪些报表？了解填报的基本要求。

12．如何进行所得税纳税筹划？

五、综合实训题（计算结果保留两位小数）

1．恒大公司 2007—2013 年应税所得额如下表所示，计算各年应纳所得税额。

年　度	2007	2008	2009	2010	2011	2012	2013
纳税所得额（万元）	−200	50	100	−60	80	100	220

2．好利企业是一家居民企业，2013 年实际支出的工资薪金总额为 180 万元，福利费本期发生额 40 万元，拨缴的工会经费 4 万元，未取得相关收据，实际发生教育经费 4 万元，该企业本年度计算应税所得额时，应调整的应纳税所得额是多少？

3．东大公司 2013 年销售货物收入 1 800 万元，销售原材料收入 50 万元，接受捐赠 100 万元，实际发生广告费 400 万元，业务宣传费 200 万元，则该企业 2013 年广告费与业务宣传费准予扣除的金额是多少？

4. 杭城公司为居民纳税企业，2013年向其税务机关年度申报应纳税所得额与利润相等，均为56万元，其中产品销售收入3 000万元，业务招待费28.6万元。假定不存在其他纳税事项调整，该公司2013年度纳税所得额及应纳所得税额是多少？

5. 佳宁公司2013年取得如下收入：产品销售收入190万元，出租房屋收入20万元，投资收益60万元（系从国内另一居民企业所得），接受捐赠收入60万元。发生如下费用：销售成本120万元，管理费用40万元（其中业务招待费5万元），销售费用30万元，营业税金及附加6万元，营业外支出为公益性捐赠20万元。清计算：该企业本年度应纳税额。

6. 龙达公司为一符合条件的小型微利企业，2013年度销售收入120万元，销售成本80万元，销售费用10万元（含3万元的广告费），管理费用15万元（含业务招待费5万元），财务费用2万元（均是支付给银行的利息），其他纳税事项调整，已纳税1万元。请计算该企业本年度应补税税额。

7. 2013 年在我国境内未设立机构场所的 AB 外国企业将一项商标使用权提供给境内泰甲公司使用，泰甲公司支付使用费 100 万元，则泰甲公司应代扣代缴的所得税是多少？（提示：该业务须计算营业税，税率是 5%）

8. 冠林企业 2013 年主营业务收入 5 000 万元，主营业务成本为 2 000 万元，营业税费及附加 12 万元。销售费用 300 万元（含广告费 150 万元）。管理费用 500 万元（含业务招待费 30 万元，办公室房租 40 万元），投资收益 50 万元（其中国债利息 20 万元，购买上市公司债券取得利息收入 30 万元），营业外支出 10 万元，是金融机构罚款。

其他资料：

（1）当年 6 月 1 日其租赁办公室，支付两年租金 30 万元；

（2）当年已预缴企业所得税 150 万元；

（3）企业适用税率 25%。

要求：

（1）计算该企业 2013 年度所得税前可扣除的销售费用；

（2）计算该企业 2013 年度所得税前可扣除的管理费用；

（3）计算该企业 2013 年度计入应税所得额的投资收益；

（4）计算该企业 2013 年度应纳税所得额；

（5）计算该企业 2013 年度应纳所得税税额；

（6）计算该企业 2013 年度应补或退的税额。

9. 恺鹏公司是一家居民企业，为增值税一般纳税人，主要生产销售彩色电视机，税务登记号为 370111615753267。2013 年度有关经营业务如下：

（1）销售彩色电视机取得不含税收入 6 900 万元，与其配比的销售成本 4 660 万元；

（2）转让技术所有权取得收入 500 万元，直接与技术所有权转让有关的成本和费用 100 万元；

（3）出租设备取得租金收入 150 万元，接受原材料捐赠取得增值税专用发票注明材料金额 50 万元、增值税进项税金 8.5 万元，取得国债利息收入 30 万元；

（4）购进原材料共计 3 000 万元，取得增值税专用发票注明进项税税额 510 万元；支付购料运输费用共计 230 万元，取得运输发票；

（5）销售费用 1 300 万元，其中广告费 800 万元；

（6）管理费用 650 万元，其中业务招待费 60 万元；

（7）财务费用 80 万元，其中含向非金融企业借款 500 万元所支付的年利息 40 万元（当年金融企业贷款的年利率为 5.8%）；

（8）计入成本、费用中的实发工资 500 万元；发生的工会经费 15 万元、职工福利费 82 万元、职工教育经费 18 万元；

（9）营业外支出 200 万元，其中包括通过公益性社会团体向贫困山区的捐款 150 万元。

（其他：上述销售费用、管理费用和财务费用不涉及转让费用；取得的相关票据均通过主管税务机关认证。）

要求：根据上述资料，计算并回答下列问题。

（1）企业 2013 年应缴纳的增值税；

（2）企业 2013 年应缴纳的营业税；

（3）企业 2013 年应缴纳的城市维护建设税和教育费附加；

（4）企业 2013 年实现的会计利润；

（5）广告费用应调整的应纳税所得额；

（6）业务招待费应调整的应纳税所得额；

（7）财务费用应调整的应纳税所得额；

（8）职工工会经费、职工福利费、职工教育经费应调整的应纳税所得额；

（9）公益性捐赠应调整的应纳税所得额；

（10）企业 2013 年度企业所得税的应纳税所得额；

（11）企业 2013 年度应缴纳的企业所得税。

10．大名有限责任公司为工业企业，税务登记号为370101838128917。其2013年利润表及有关账簿记录资料如下：

（1）年度利润表。

（2）其他业务收入为材料销售收入300 000元，材料销售成本为186 000元。

（3）投资收益为所购5年期国债利息收入。

（4）营业外收入为处理1台旧设备净收益。营业外支出为被税务机关罚款。

（5）全年工资总额1 320 000元。

（6）全年实际发生职工福利费180 000元，实际发生职工教育经费33 000元，未计提工会经费（无缴款收据）。

（7）从中国工商银行借款利息支出205 000元，利率为法定利率。

（8）业务招待费支出40 000元。

（9）固定资产采用平均年限法计提折旧，净残值估计符合税法规定。其中：房屋原值500 000元，按20年折旧，年折旧额为23 750元，计入制造费用10 000元，计入管理费用13 750元。

机器设备原值1 000 000元，按10年折旧，计入制造费用为95 000元。汽车原值450 000元，按5年折旧，计入管理费用86 400元。办公家具原值30 000元，按5年折旧，计入管理费用5 700元。计算机、打印机原值20 000元，按5年折旧，计入管理费用4 000元。

（10）广告宣传费支出为10 000元。

（11）本年社会保障性缴款为：养老保险160 000元，失业保险16 000元，医疗保险48 000元，均按政府规定的基数和比例缴纳。

（12）本企业未计提资产减值或跌价准备。

（13）为文化节赞助2 000元。

（14）上年度亏损50 000元，此前无未弥补的亏损。

（15）本年累计已预缴所得税150 300元。

除上述资料外，本企业再无其他纳税有关事项。

要求：根据上述资料填写企业所得税年度纳税申报表。

利润表

编制单位：大名有限责任公司　　2013年　　（单位：元）

项　　目	上年金额（略）	本年累计金额
一、营业收入		52 000 000.00
减：营业成本		43 860 000.00
营业税金及附加		68 000.00
销售费用		3 750 000.00
管理费用		3 460 000.00
财务费用		207 000.00

续表

项目	上年金额（略）	本年累计金额
资产减值损失		
加：公允价值变动收益		
投资收益		46 000.00
二、营业利润		701 000.00
加：营业外收入		16 000.00
减：营业外支出		9 800.00
三、利润总额		707 000.00

企业所得税年度纳税申报表（A类）

税款所属期间：　　年　月　日至　　年　月　日

纳税人名称：

纳税人识别号：□□□□□□□□□□□□□□□□□□□　　金额单位：元（列至角分）

类别	行次	项目	金额
利润总额计算	1	一、营业收入（填附表一）	
	2	减：营业成本（填附表二）	
	3	营业税金及附加	
	4	销售费用（填附表二）	
	5	管理费用（填附表二）	
	6	财务费用（填附表二）	
	7	资产减值损失	
	8	加：公允价值变动收益	
	9	投资收益	
	10	二、营业利润	
	11	加：营业外收入（填附表一）	
	12	减：营业外支出（填附表二）	
	13	三、利润总额（10+11−12）	
应纳税所得额计算	14	加：纳税调整增加额	
	15	减：纳税调整减少额	
	16	其中：不征税收入	
	17	免税收入	
	18	减计收入	
	19	减、免税项目所得	
	20	加计扣除	

续表

类　　别	行　　次	项　　目	金　　额
应纳税所得额计算	21	抵扣应纳税所得额	
	22	加：境外应税所得弥补境内亏损	
	23	纳税调整后所得（13＋14－15＋22）	
	24	减：弥补以前年度亏损）	
	25	应纳税所得额（23－24）	
应纳税额计算	26	税率（25%）	
	27	应纳所得税额（25×26）	
	28	减：减免所得税额	
	29	减：抵免所得税额	
	30	应纳税额（27－28－29）	
	31	加：境外所得应纳所得税额	
	32	减：境外所得抵免所得税额	
	33	实际应纳所得税额（30＋31－32）	
	34	减：本年累计实际已预缴的所得税额	
	35	其中：汇总纳税的总机构分摊预缴的税额	
	36	汇总纳税的总机构财政调库预缴的税额	
	37	汇总纳税的总机构所属分支机构分摊的预缴税额	
	38	合并纳税（母子体制）成员企业就地预缴比例	
	39	合并纳税企业就地预缴的所得税额	
	40	本年应补（退）的所得税额（33－34）	
附列资料	41	以前年度多缴的所得税额在本年抵减额	
	42	以前年度应缴未缴在本年入库所得税额	

纳税人公章：	代理申报中介机构公章：	主管税务机关受理专用章：
经办人：	经办人及执业证件号码：	受理人：
申报日期：　年　月　日	代理申报日期：　年　月　日	受理日期：　年　月　日

第六章

个人所得税

学习纲要

一、知识要点

1. 居民纳税人

居民纳税人是指在中国有住所的个人或在中华人民共和国境内无住所，但在一个纳税年度中居住满一年的个人。居民纳税人负有无限纳税义务，其所取得的应纳税所得无论来源于中华人民共和国境内还是境外，都要在中国缴纳个人所得税。

2. 非居民纳税人

非居民纳税人是指在中华人民共和国境内无住所又不居住或者无住所而在境内居住不满一年的个人。非居民纳税人在中华人民共和国境内无住所又不居住，但有来源于中华人民共和国境内收入的个人或者在中华人民共和国境内无住所，并且在一个纳税年度中居住不满一年但有来源于中华人民共和国境内收入的个人。非居民纳税人承担有限纳税义务，即仅就其来源于中华人民共和国境内的所得，向中国缴纳个人所得税。

3. 个人所得税的征税范围

个人所得税的征税范围包括工资、薪金所得、个体工商户的生产、经营所得、对企事业单位的承包经营、承租经营所得、劳务报酬所得、稿酬所得、特许权使用费所得、财产租赁所得、财产转让所得、利息、股息、红利所得、偶然所得、经国务院财政部门确定征税的其他所得。

4. 个人所得税的税率

① 工资、薪金所得适用九级超额累进税率，最低率为5%，最高级为45%，按月计征。

② 个体工商户的生产、经营所得和对企事业单位的承包经营、承租经营所得适用五级超额累进税率，最低率为5%，最高级为35%，按年计征。

③ 劳务报酬所得，使用比例税率，税率为20%，按次计征，超额加征。个人一次取得

劳务报酬，其应纳税所得额超过 2 万元至 5 万元的部分，依照税法规定计算应纳税额后再按照应纳税额加征五成；超过 5 万元的部分，加征十成。

④ 稿酬所得适用于 20%的比例税率，并按规定对应纳税额减征 30%，按次计征。

⑤ 特许权使用费所得，利息、股息、红利所得，财产租赁所得，财产转让所得，偶然所得和其他所得，适用比例税率，税率为 20%，按次计征。

5. 个人所得税的计税依据

个人所得税的计税依据是纳税人取得的应纳税所得额。应纳税所得额，是个人取得的各项收入减去税法规定的扣除项目或扣除金额之后的余额。

6. 对个人取得全年一次性奖金等征收个人所得税的计算

纳税人取得全年一次性奖金，单独作为一个月工资、薪金所得计算纳税，按以下计税办法（在一个纳税年度内，对每一个纳税人，该计税办法只允许采用一次），由扣缴义务人发放时代扣代缴。

① 如果雇员当月工资薪金所得高于（或等于）税法规定的费用扣除额，先将雇员当月内取得的全年一次性奖金，除以 12 个月，按其商数确定适用税率和速算扣除数，再按下列公式计算应纳税额。

应纳税额＝雇员当月取得全年一次性奖金×适用税率－速算扣除数

② 如果在发放年终一次性奖金的当月，雇员当月工资薪金所得低于税法规定的费用扣除额，应将全年一次性奖金减除“雇员当月工资薪金所得与费用扣除额的差额”后的余额，除以 12 个月，按其商数确定适用税率和速算扣除数。然后，再按下列公式计算应纳税额。

应纳税额＝（雇员当月取得全年一次性奖金－雇员当月工资薪金所得与费用扣除额的差额）×适用税率－速算扣除数

雇员取得除全年一次性奖金以外的其他各种名目奖金，如半年奖、季度奖、加班奖、先进奖、考勤奖等，一律与当月工资、薪金收入合并，按税法规定缴纳个人所得税。

7. 个体工商户生产、经营所得的计税方法

个体工商户生产、经营所得，以其应纳税所得额按照适用税率计算应纳税额。实行按年计算，分月预缴，年终汇算清缴，多退少补的办法。实际工作中，需要分别计算每月预缴税额和年终汇算清缴税额。其计算公式：

本月应预缴税额＝本月累计应纳税所得额×适用税率－速算扣除数－上月累计已预缴税额

全年应纳税额＝全年应纳税所得额×适用税率－速算扣除数

汇算清缴税额＝全年应纳税额－全年累计已预缴税额

8. 对企事业单位承包、承租经营所得的计税方法

应纳税额＝应纳税所得额×适用税率－速算扣除数

＝（纳税年度收入总额－必要费用）×适用税率－速算扣除数

9. 劳务报酬所得的计税方法

① 每次取得收入 4 000 元以下的，减除 800 元费用后，乘以 20%税率，即

应纳税额＝（每次收入额－800）×20%

② 每次取得收入 4 000 元以上、20 000 元以下的，减除 20%费用后，乘以 20%税率，即

应纳税额＝每次收入额×（1－20%）×20%

③ 每次收入的应纳税所得额超过 20 000～50 000 元的部分加征五成（相当于适用税率为 30%），即

应纳税额＝每次收入额×（1－20%）×30%－速算扣除数

每次收入的应纳税所得额超过 50 000 元的部分加征十成（相当于适用税率为 40%），即

应纳税额＝每次收入额×（1－20%）×40%－速算扣除数

10. 稿酬所得的计税方法

① 每次取得收入 4000 元以下的，减除 800 元费用后，乘以 20%税率，即

应纳税额＝（每次收入额－800）×20%×（1－30%）

② 每次取得收入 4 000 元以上的，减除 20%费用后，乘以 20%税率，即

应纳税额＝每次收入额×（1－20%）×20%×（1－30%）

11. 特许使用费、财产租赁所得的计税方法

① 每次取得收入 4 000 元以下的，减除 800 元费用后，乘以 20%税率，即

应纳税额＝（每次收入额－800）×20%

② 每次取得收入 4 000 元以上的，减除 20%费用后，乘以 20%税率，即

应纳税额＝每次收入额×（1－20%）×20%

12. 财产转让所得的计税方法

应纳税额＝（收入总额－财产原值－合理费用）×20%

13. 利息、股息、红利、偶然所得的计税方法

利息、股息、红利、偶然所得，按次计征，以每次收入额为应纳税所得额，不得从收入中扣除任何费用。

应纳税额＝每次收入×20%

14. 个人所得税的缴纳办法

个人所得税实行源泉分项扣缴和纳税人自行申报两种计征办法。

15. 个人所得税的自行申报

纳税人必须自行向税务机关申报所得并缴纳税款：①自 2006 年 1 月日起，年所得 12

万元以上的；②在两处或者两处以上取得工资、薪金所得的；③从中国境外取得所得的；④取得应纳税所得，没有扣缴义务人的；⑤国务院规定的其他情形。

16. 个人所得税自行申报纳税的申报方式

个人所得税的申报纳税方式主要有三种：即由本人直接申报纳税；委托他人代为申报纳税；采用邮寄方式在规定的申报期内申报纳税。

二、能力目标

- 熟练个人所得税的计税依据及所适用的税率。
- 学会个人所得税应纳税额的计算。
- 学会作为优秀办税员应如何按时申报与缴纳个人所得税。

三、情感目标

- 培养依法申报缴纳个人所得税的公民意识。
- 为争做一名爱国护税、依法纳税的优秀办税员创造条件。

重点与难点解析

一、学习重点

- 个人所得税的计税依据、适用税率。
- 个人所得税应纳税额的计算。
- 代扣代缴和自行申报纳税的纳税期限及纳税地点和申报。

二、学习难点

- 个人所得税应纳税额的计算。
- 扣缴个人所得税报告表的填写与使用。

本章法规索引

1.《中华人民共和国个人所得税法》
2.《中华人民共和国个人所得税法实施条例》
3.《个人所得税代扣代缴暂行办法》
4.《个人所得税自行申报纳税暂行办法》
5.《个人所得税自行申报纳税暂行办法》

强化训练

一、单项选择题

1．在中国境内无住所，并且在一个纳税年度中居住不满一年但有来源于中华人民共和国境内收入的个人应（　　）。

A．就其来源于中华人民共和国境内的所得，向中国缴纳个人所得税

B．就其境内工作期间，来源于中国境内外的全部所得征收个人所得税

C．免予征收个人所得税

D．仅就其来源于境外的收入征收个人所得税

2．对工资、薪金所得征收个人所得税，准予在每月收入额中扣除（　　）元费用后的余额，为应纳税所得额。

A．800或1 200　　B．1 600或4 000

C．2 000或4 800　　D．3 500或4 800

3．演员外出参加某单位组织的演出所得，应按（　　）。

A．工资薪金所得项目，按月缴纳个人所得税

B．免予征收个人所得税

C．按劳务报酬所得，按次缴纳个人所得税

D．按劳务报酬所得，一个月合计缴纳个人所得税

4．利息、股息、红利所得以（　　）为应纳税所得额。

A．每年收入额　　B．每季度收入额

C．每月收入额　　D．每次收入额

5．张教授接受某一公司委托，将外文资料翻译成中文，其取得的报酬应按（　　）项目计算缴纳个人所得税。

A．工资、薪金所得　　B．劳务报酬所得

C．稿酬所得　　D．特许权使用费所得

6．稿酬所得缴纳个人所得税，实际税率为（　　）。

A．12%　　B．14%　　C．18%　　D．20%

7．劳务报酬所得为30 000元，应纳税所得额为（　　），适用税率为（　　）。

A．29 200元，20%　　B．24 000元，20%

C．24 000元，30%　　D．29 200元，40%

8．扣缴义务人每月所扣缴的税款，应当于次月（　　）内缴入国库。

A．5日　　B．7日　　C．15日　　D．1个月

二、多项选择题

1．个人所得税的纳税义务人包括（　　）。

A．中国公民　　B．个体工商户

C．外籍个人　　D．香港、澳门、台湾同胞

2．个人所得税的计征方法有（　　）。

A．按年计征　　B．按月计征

C．按季计征　　D．按次计征

3．下列个人所得适用税率为20%的有（　　）。

A．财产转让所得　　B．劳务报酬所得

C．偶然所得　　D．个体工商户的生产、经营所得

4．按照国家规定，从纳税义务人的应纳税所得额中扣除的“三险一金”是指（　　）。

A．基本养老保险费　　B．基本医疗保险费

C．失业保险费　　D．住房公积金

5．下列所得中，适用超额累进税率的有（　　）。

A．工资、薪金所得

B．个体工商户的生产、经营所得

C．财产租赁所得

D．对企事业单位的承包经营、承租经营所得

6．以下各项所得，可以免征个人所得税的是（　　）。

A．国债利息　　B．军人的转业费、复员费

C．保险赔款　　D．财产转让所得

7．下列个人所得，在计算个人所得税时，可以减除费用的有（　　）。

A．股息、利息、红利所得　　B．劳务报酬所得

C．偶然所得　　D．工资、薪金所得

8．以下个人所得，按次计征，每次收入不超过4 000元的，减除费用800元；超过4 000元的，减除20%的费用，其余额为应纳税所得额的是（　　）。

A．劳务报酬所得　　B．财产租赁所得

C．财产转让所得　　D．特许权使用费所得

9．下列情况中，应自行申报纳税的有（　　）。

A．从两处以上取得工资、薪金所得的

B．取得应税所得，没有扣缴义务人的

C．年应税所得在12万元以上的

D．偶然所得的

10．下列关于个人所得税的说法正确的是（　　）。

A．工资、薪金所得适用九级超额累进税率，最低率为5%，最高级为45%

B．利息、股息、红利、偶然所得，按次计征，以每次收入额为应纳税所得额

C．财产转让所得，按次计征，以转让财产的收入为应纳税所得额

D．劳务报酬所得一律实行20%的税率

三、判断题

1．个人所得税是以个人（自然人）取得的各项应税所得为征税对象征收的一种税。（　）

2．纳税人的确定是按照国际通常做法，依据住所和居住时间两个标准区分居民和非居民，承担相同的纳税义务。（　）

3．个人所得税的计税依据是纳税人取得的应纳税所得额。（　）

4．个人将其所得对教育事业和其他公益事业的捐赠，捐赠额可以从其应纳税所得额中全部扣除。（　）

5．雇员取得除全年一次性奖金以外的其他各种名目奖金，如半年奖、季度奖、加班奖、先进奖、考勤奖等，一律与当月工资、薪金收入合并，按税法规定缴纳个人所得税。（　）

6．个人所得税对财产租赁所得，以一个月内的收入为一次。（　）

7．个人所得税对稿酬所得按应纳税额减征10%。（　）

8．个体工商户的生产经营所得，对企业事业单位的承包经营、承租经营所得，按年计征个人所得税。（　）

9．国务院决定自2012年10月9日起，对储蓄存款利息所得暂免征收个人所得税。（　）

10．个人购买福利、体育彩票，免征个人所得税。（　）

四、简答题

1．如何区分个人所得税的居民纳税人与非居民纳税人？各自承担的纳税义务有什么区别？

2．个人所得税的应税项目有哪些？

3．个人所得税有哪几种计征方法？各项所得分别适于哪种计征方法？

4．如何确定各项所得的应纳税所得额？

5．年终一次性奖金如何计算个人所得税？

6．什么情况下个人所得税纳税义务人应自行申报纳税？

7．代扣代缴和自行申报个人所得税的申报期限是如何规定的？

五、综合实训题（计算结果保留两位小数）

1．刘铭是某公司职员，2013 年收入为（未列明“三险一金”标准的，计算时可暂不考虑；下同）：①每月工资为 5 000 元；②自 2013 年 10 月起将其拥有的一套住宅出租，每月取得租金收入 1300 元。请计算刘铭 2013 年 12 月应缴纳的个人所得税。

2．某科研机构外籍专家安娜，2013 年月薪 12 000 元，请计算其每月应纳个人所得税额。

3．吕萧月工资 3 900 元，年终时，一次领取全年度的奖金 9 600 元。计算其 12 月应纳个人所得税额。

4．个体工商户王宇 2013 年生产经营取得应税所得额 55 000 元，另外买彩票所得 8 000 元。计算王宇应纳个人所得税额。

5．张教授本月应邀去外地讲学两次，分别取得收入 3 500 元和 6 000 元，应纳个人所得税额为多少？

6．陈炜是正大公司的一名职员，2013 年 7 月—12 月的收入如下：

- 每月取得工资 4 200 元；
- 8 月份取得公司先进奖 5 000 元；
- 购买体育彩票 500 元，中奖 10 000 元；
- 9 月银行储蓄存款取得利息收入 2 500 元；
- 12 月月底，取得全年一次性奖金 20 000 元。

请帮陈炜分析计算以下内容：

① 7 月份工资应缴纳的个人所得税；

② 8 月份应缴纳的个人所得税；

③ 购买彩票中奖应缴纳的个人所得税；

④ 12 月银行储蓄存款利息收入应缴纳的个人所得税；

⑤ 12 月月底，取得全年一次性奖金应缴纳的个人所得税。

7．某地税机关对演员赵剑锋本年个人所得税纳税情况检查，取得证明资料如下：

① 每月取得工资收入 5 800 元，1～12 月已纳个人所得税 1 500 元；

② 3 月、6 月、9 月由经纪人各安排演出一次，每次收入 30 000 元，11～12 月所在单位组织演出，每次演出收入 4 000 元；

③ 9 月取得银行存款利息 10 000 元，取得单位集资借款利息 5 000 元；

④ 在境外某国取得表演收入 47 000 元，已在该国实际纳税 8 000 元；

⑤ 参加有奖销售活动，中奖获得奖金 120 000 元，将其中 50 000 元捐给贫困地区。

在上述项目中，除第①项已纳税外，其他各项均未申报纳税。

要求：请依据个人所得税有关规定对该演员纳税情况进行评价，并计算应补交个人所得税额；年度终了后，该演员应怎样进行纳税申报。

8．星辰机械公司 2013 年 3 月工资明细表如下所示。

星辰机械公司 2013 年 3 月工资明细表

（单位：元）

编号	姓名	基本工资	奖金	加班费	应发工资	扣除项目			应纳税额	实发工资
						住房公积金	养老保险	基本医疗保险		
001	陈华	3 800	2 000	400	6 200	496	124	93		
002	杨过	2 700	1 700	200	4 600	368	92	69		
003	王杉	2 600	1 500	200	4 300	344	86	64.5		

续表

编号	姓名	基本工资	奖金	加班费	应发工资	扣除项目			应纳税额	实发工资
						住房公积金	养老保险	基本医疗保险		
004	李新	2 500	1 300	100	3 900	312	78	58.5		
005	程帆	2 400	1 100	100	3 600	288	72	54		
006	林彬	2 400	1 000	100	3 500	280	70	52.5		
007	张艳	2 000	800	100	2 900	232	58	43.5		
合　计										

要求：（1）计算星辰机械公司 2013 年 3 月发放工资时代扣代缴税额，并补全上述工资明细表。

（2）填写扣缴个人所得税报告表。

扣缴个人所得税报告表

税务计算机代码：

缴款书号码：

扣缴义务人编码：　　填表日期：　　年　月　日　　金额单位：人民币元

根据《中华人民共和国个人所得税法》第九条的规定，制定本表，扣缴义务人应将本月扣缴的税款在次月七日内缴入国库，并向当地税务机关报送本表

扣缴义务人名称　　地址　　电话

纳税义务人姓名	纳税人编码	工作单位及地址	所得项目	所得期间	收入额					人民币合计	减费用额	应纳税所得额	税率（%）	速算扣除数	扣缴所得税额	完税证字号	纳税日期
					人民币	外币											
						货币名称	金额	外汇牌价	折合人民币								

如果由扣缴义务人填写完税证，应在报送此表时附完税证副联____份，合计扣缴金额____元

扣缴义务人声明　我声明：此扣缴申报表是根据《中华人民共和国个人所得税法》的规定填报的，我确信它是真实的、可靠的、完整的。

声明人签字：________

以下由税务机关填写					
收到日期	接收人	审核日期	主管税务机关盖章		备注
			主管税务官员签字		

第七章

资源税类

学习纲要

一、知识要点

1. 资源税的纳税人与扣缴义务人

资源税的纳税人是在中华人民共和国领域及管辖海域开采应税的矿产品和生产盐的单位和个人。

收购未税矿产品的单位为资源税的扣缴义务人，具体包括独立矿山、联合企业及其他收购未税矿产品的单位。

2. 资源税的征税范围

资源税的征收范围，应当包括一切开发和利用的国有资源，但我国现行资源税的征税范围只包括矿产品（包括原油、天然气、煤炭、其他非金属矿产品、黑色金属矿原矿和有色金属矿原矿）、盐（包括固体盐、液体盐两大类）。

3. 资源税应纳税额的计算

资源税的应纳税额，按照从价定率或者从量定额的办法分别计算。计算公式为：

应纳税额＝应税产品的销售额×适用税率，或

应纳税额＝应税产品的销售数量×适用税额

4. 城镇土地使用税

城镇土地使用税是对在城市、县城、建制镇和工矿区范围内使用土地的单位和个人，以其实际占用的土地面积为依据，按规定的税额计算征收的一种税。

5. 城镇土地使用税的纳税人

在城市、县城、建制镇、工矿区范围内使用土地的所有单位和个人，为城镇土地使用税的纳税人。

6. 城镇土地使用税的征税范围

城镇土地使用税的征税范围为城市、县城、建制镇和工矿区。

7. 城镇土地使用税的税率

城镇土地使用税实行分级幅度定额税率。按大、中、小城市和县城、建制镇、工矿区分别规定每平方米土地年税额。

8. 城镇土地使用税应纳税额的计算

城镇土地使用税以纳税人实际占用的土地面积为计税依据，依照规定税额计算征收。其计算公式：应纳税额＝计税土地面积×适用税额。

9. 耕地占用税的基本内容

征税范围为：凡是中国境内的耕地，都属于耕地占用税的征税范围。

纳税人为：凡经国家土地管理机关批准征用或占用耕地，用于建房或者从事非农业建设的单位和个人，都是耕地占用税的纳税人。

税率为：耕地占用税实行地区差别幅度定额税率。以县为单位，以人均耕地面积为标准，分别规定有幅度的单位税额。

10. 耕地占用税应纳税额的计算

耕地占用税以纳税人实际占用的耕地面积为计税依据，按照规定的适用税额一次性征收。其计算公式：应纳税额＝实际占用耕地面积×适用税额。

11. 土地增值税的基本内容

征税范围为：①土地增值税只对转让国有土地使用权的行为征税，转让非国有土地和出让国有土地的行为均不征税；②土地增值税既对转让土地使用权征税，也对转让地上建筑物和其他附着物的产权征税；③土地增值税只对有偿转让的房地产征税，对以继承、赠与等方式无偿转让的房地产，则不予征税。

纳税人为：是有偿转让国有土地使用权及地上建筑物及其附着物，并取得收入的一切单位和个人。

计税依据为：土地增值税以纳税人转让房地产所取得的增值额为计税依据。转让房地产的增值额是纳税人转让房地产所取得的收入减除税法规定的扣除项目金额后的余额。

税率为：土地增值税实行 30%、40%、50%、60%四级超率累进税率。

12. 土地增值税应纳税额的计算

土地增值税以转让房地产的增值额为计税依据，按照超率累进税率，计算应纳税额，计算步骤如下：

① 计算增值额：增值额＝收入额－扣除项目金额；

② 计算增值率：增值率＝增值额÷扣除项目金额×100%；

③ 确定适用税率：依据计算的增值率，按其税率表确定适用税率；

④ 依据适用税率计算应纳税额，公式为

应纳税额＝增值额×适用税率－扣除项目金额×速算扣除系数。

二、能力目标

- 能够熟练说出资源税、城镇土地使用税、耕地占用税、土地增值税的税目及其适用税率。
- 学会资源税、城镇土地使用税、耕地占用税、土地增值税应纳税额的计算。
- 学会按时申报与缴纳资源税、城镇土地使用税、耕地占用税、土地增值税的方法。

三、情感目标

- 培养良好的依法纳税的职业道德素养。
- 在学习掌握资源税相关知识的基础上，明确保护自然资源的重要性。
- 做一名遵守税法、按时纳税的优秀办税员。

重点与难点解析

一、学习重点

- 资源税、城镇土地使用税、耕地占用税、土地增值税的税目及适用税率。
- 资源税、城镇土地使用税、耕地占用税、土地增值税的纳税申报。

二、学习难点

- 各种资源税应纳税额的计算。
- 纳税申报表的填写。

本章法规索引

1. 《中华人民共和国资源税暂行条例》
2. 《中华人民共和国资源税暂行条例实施细则》
3. 《国家税务总局关于印发<资源税若干问题的规定>的通知》
4. 《中华人民共和国城镇土地使用税暂行条例》
5. 《中华人民共和国城镇土地使用税暂行条例实施细则》
6. 《中华人民共和国耕地占用税暂行条例》
7. 《中华人民共和国耕地占用税暂行条例实施细则》

8. 《中华人民共和国土地增值税暂行条例》

9. 《中华人民共和国土地增值税暂行条例实施细则》

强化训练

一、单项选择题

1. 根据《土地增值税暂行条例》的规定，我国土地增值税实行的税率属于（　　）。

A. 比例税率　　B. 超额累进税率

C. 定额税率　　D. 超率累进税率

2. 某石油开采企业 2013 年 2 月开采原油 20 万吨，其中用于加热、修井的原油 0.2 万吨。已知油田的资源税税率为 10 元/吨。该企业当月应缴纳的资源税税额为（　　）万元。

A. 198　　B. 297

C. 200　　D. 300

3. 下列属于资源税征税范围的有（　　）。

A. 原油　　B. 农机

C. 汽车　　D. 图书

4. 城镇土地使用税是国家在城市、县城、建制镇和工矿区范围内，对使用土地的单位和个人，以其（　　）的土地面积为依据，按规定的税额计算征收的一种税。

A. 实际使用　　B. 实际占用

C. 计划使用　　D. 计划占用

5. 下列不属于城镇土地使用税的特点的有（　　）。

A. 实行从量定额征收　　B. 对占用或使用土地的行为征税

C. 征税对象是国有土地　　D. 实行差别幅度税额

6. 下列属于耕地占用税减免的项目有（　　）。

A. 种植农作物的水田

B. 民用机场飞机跑道

C. 以种植农作物为主附带种植茶树的湖田

D. 菜地

7. 根据法律规定，应当征收城镇土地使用税的是（　　）。

A. 国家机关自用的土地　　B. 人民团体自用的土地

C. 人民商场自用的土地　　D. 事业单位自用的土地

二、多项选择题

1. 下列各项中，根据我国资源税法律制度规定应征收资源税的有（　　）。

A. 开采井矿盐　　B. 开采地下水

C. 开采原煤　　D. 开采原油

2．根据《土地增值税暂行条例》的规定，下列各项中，属于土地增值税的征收范围的有（　　）。

A．将不动产无偿赠与他人

B．转让国有土地使用权

C．城市房地产的出租

D．地上的建筑物连同国有土地使用权一并转让

3．根据城镇土地使用税法律制度的规定，在城市、县城、建制镇和工矿区范围内，下列单位中，属于城镇土地使用税纳税人的有（　　）。

A．拥有土地使用权的国有企业

B．拥有土地使用权的私营企业

C．使用土地的外商投资企业

D．使用土地的外国企业在中国境内设立的机构

4．下列属于资源税的内容有（　　）。

A．天然气

B．固体盐

C．煤炭

D．开采原油过程中用于修理的原油

5．下列属于城镇土地使用税的有（　　）。

A．对占用或使用土地的行为征税

B．征税对象是国有土地

C．征税范围广泛

D．实行差别幅度税额

6．下列属于耕地占用税的免税项目的有（　　）。

A．部队军用设施用地

B．铁路线路

C．民用机场跑道

D．敬老院

三、判断题

1．我国目前只对国家所有的土地征收城镇土地使用税，对集体所有的土地不征收城镇土地使用税。（　　）

2．城镇土地使用税的纳税人，在尚未取得土地使用权证之前，不缴纳城镇土地使用税。（　　）

3．在我国境内开采应税矿产品或生产盐的单位和个人，为资源税的纳税人。（　　）

4．耕地占用税的征税范围是被占用的国家或集体所有的耕地。（　　）

5．土地增值税的计税依据是纳税人转让房地产所取得的增值额。（　　）

6．城镇土地使用税以纳税人实际占用的土地面积为计税依据。（　　）

7．资源税实行从价定率征收。（　　）

8．资源税的纳税人是在中华人民共和国境内开采应税资源的矿产品和生产盐的单位和个人。（　　）

9．国家机关、人民团体的土地免征城镇土地使用税。（　　）

10．所有的耕地都属于耕地占用税的征税范围。（　　）

11．土地增值税只对转让国有土地使用权的行为课税。（　　）

四、简答题

1．资源税的征税范围有哪些？

2．城镇土地使用税纳税人是如何规定的？

3．耕地占用税征税范围和税率如何确定？

4．如何确定土地增值税的适用税率？

五、综合实训题（计算结果保留两位小数）

1. 大明石油开采企业2013年3月开采原油60万吨，销售58万吨，每吨售价2800元。其中用于加热、修井的原油0.6万吨，税率为5%，请计算企业当月缴纳的资源税税额。

2．天地油田 2013 年 6 月生产原油 30 万吨（税率 5%），其中销售了 27 万吨，每吨售价 2900 元，用于加热、修井 0.5 万吨，待销售 2.5 万吨，当月在采油过程中回收并销售天然气 4 000 万立方米（税率 5%），售价 1.5 元/立方米。请计算该油田本月应缴资源税额。

3．大华房地产公司 2013 年 10 月发生如下经济业务：签订一份写字楼销售合同，合同规定以预收货款方式结算；本月收到全部预收款，共计 30 000 万元；该写字楼经税务机关审核可以扣除的项目为开发成本 7 000 万元，缴纳的土地使用权转让费 4 500 万元，利息支出 250 万元，相关税金 2 000 万元，其他费用 900 万元，加计扣除额为 1 600 万元。请计算销售写字楼应缴纳的土地增值税税额。

4．某企业实际占地面积为 30 000 平方米，经税务机关核定，该企业所处地段适用城镇土地使用税税率每平方米年税额为 3 元。请计算该企业全年应缴纳的城镇土地使用税税额。

5．某企业经土地管理部门批准，征用耕地建分厂，共征地 9 000 平方米，该地区耕地占用税额为 5 元/平方米。请计算该企业应缴纳的耕地占用税。

6．金地煤业有限公司是一家煤炭开采及型煤加工企业。该公司位于济南市建设路 68 号。联系电话为（0531）83123502。该公司《税务登记证》登记号为 370101380267567。开户银行为中国工商银行建设支行，账号为 0200067743848823455。该企业 2013 年 6 月开采煤 15 万吨，其中已销售 10 万吨，自用 2 万吨，尚待销售 3 万吨。该煤矿适用的单位税额为 3.5 元/吨。要求：填写该公司当月资源税纳税申报表。

资源税纳税申报表

填表日期：　　年　月　日

纳税人识别号：　　　　　　　　　　　　　　　　　　　　　金额单位：元（列至角分）

纳税人名称					税款所属时期			
产品名称		课税单位	课税数量	单位税额	应纳税款	已纳税款	应补（退）税款	备注
应纳税项目								
减免税项目								

如纳税人填报，由纳税人填写以下各栏		如委托代理人填报，由代理人填写以下各栏			
会计主管（签章）	纳税人（公章）	代理人名称		代理人（公章）	
		代理人地址			
		经办人		电话	
以下由税务机关填写					
收到申报表日期		接收人			

7．金地有限公司位于济南市建设路 16 号，联系电话为（0531）86523641。该公司《税务登记证》登记号为 370110259520537。开户银行为中国工商银行建设路支行，账号为 0200090920123414567。该公司土地使用证书记载占用土地的面积为 19 000 平方米，经确定属一级地段。该公司另有一座仓库位于市郊，属四级地区，占地面积为 6 000 平方米，济南市规定，该地区一级地段年税额为 25 元/平方米；四级地段为 11 元/平方米。要求：填列该公司 2014 年一季度城镇土地使用税纳税申报表。

城镇土地使用税纳税申报表

填表日期：　　年　月　日

税款所属时期：　　年　月　日至　　年　月　日　　　　　　　　　　金额单位：元（列至角分）

<table>
<tr><td colspan="2">纳税人名称</td><td colspan="6"></td><td colspan="3">企业编码</td><td colspan="3"></td></tr>
<tr><td colspan="2">地　　址</td><td colspan="6"></td><td colspan="3">邮政编码</td><td colspan="3"></td></tr>
<tr><td colspan="2">办税员姓名</td><td colspan="6"></td><td colspan="3">税务登记证号</td><td colspan="3"></td></tr>
<tr><td rowspan="2">土地所处地点</td><td rowspan="2">上期占地面积</td><td rowspan="2">本期增减</td><td rowspan="2">增减时间</td><td rowspan="2">本期实际占地面积</td><td rowspan="2">法定免税面积</td><td rowspan="2">应税面积</td><td rowspan="2">土地等级</td><td rowspan="2">适用税额</td><td rowspan="2">全年应税额</td><td rowspan="2">年缴纳次数</td><td colspan="3">本　　期</td></tr>
<tr><td>应纳税额</td><td>已纳税额</td><td>应补（退）税额</td></tr>
<tr><td>1</td><td>2</td><td>3</td><td></td><td>4＝2+3</td><td>5</td><td>6＝4-5</td><td>7</td><td>8</td><td>9＝7×8</td><td>10</td><td>11＝9÷10</td><td>12</td><td>13＝11-12</td></tr>
<tr><td></td><td></td><td></td><td></td><td></td><td></td><td></td><td></td><td></td><td></td><td></td><td></td><td></td><td></td></tr>
<tr><td></td><td></td><td></td><td></td><td></td><td></td><td></td><td></td><td></td><td></td><td></td><td></td><td></td><td></td></tr>
<tr><td></td><td></td><td></td><td></td><td></td><td></td><td></td><td></td><td></td><td></td><td></td><td></td><td></td><td></td></tr>
<tr><td></td><td></td><td></td><td></td><td></td><td></td><td></td><td></td><td></td><td></td><td></td><td></td><td></td><td></td></tr>
<tr><td></td><td></td><td></td><td></td><td></td><td></td><td></td><td></td><td></td><td></td><td></td><td></td><td></td><td></td></tr>
<tr><td></td><td></td><td></td><td></td><td></td><td></td><td></td><td></td><td></td><td></td><td></td><td></td><td></td><td></td></tr>
<tr><td></td><td></td><td></td><td></td><td></td><td></td><td></td><td></td><td></td><td></td><td></td><td></td><td></td><td></td></tr>
<tr><td>合计</td><td></td><td></td><td></td><td></td><td></td><td></td><td></td><td></td><td></td><td></td><td></td><td></td><td></td></tr>
</table>

<table>
<tr><td colspan="2">如纳税人填报，由纳税人填写：</td><td colspan="4">如委托代理人填报，由代理人填写以下各栏</td></tr>
<tr><td rowspan="3">会计主管
（签章）</td><td rowspan="3">纳税人
（公章）</td><td>代理人名称</td><td></td><td rowspan="2">代理人
（公章）</td><td rowspan="2"></td></tr>
<tr><td>代理人地址</td><td></td></tr>
<tr><td>经办人姓名</td><td></td><td>电话</td><td></td></tr>
<tr><td colspan="6">以下由税务机关填写</td></tr>
<tr><td>收到申报表日期</td><td colspan="2"></td><td>接收人</td><td colspan="2"></td></tr>
</table>

8．山东省济南市天地实业有限公司位于济南市建设路 168 号，联系电话为（0531）86595487。该公司《税务登记证》登记号为 370105102556725。开户银行为中国工商银行建设路支行，账号为 0200043863868909206。2013 年 6 月该公司经土地管理部门批准，征用耕地建分厂，共征地 7 600 平方米。该地区耕地占用税额为 26 元/平方米。要求：填写该公司耕地占用税申报表。

耕地占用税申报表

申报时间：　年　月　日　　　　金额单位：元（列至角分）

<table>
<tr><td>纳税人名称</td><td colspan="3"></td><td>税务计算机代码</td><td></td></tr>
<tr><td>联系地址</td><td colspan="3"></td><td>联系电话</td><td></td></tr>
<tr><td>开户银行</td><td colspan="3"></td><td>银行账号</td><td></td></tr>
<tr><td>建设项目名称</td><td colspan="5"></td></tr>
<tr><td>批准占地文号</td><td colspan="3"></td><td>批准占地日期</td><td></td></tr>
<tr><td>占地位置</td><td colspan="3"></td><td>批准占地面积</td><td></td></tr>
<tr><td>计税面积
（m^2）</td><td>适用税额</td><td>计征税额</td><td>减免面积
（m^2）</td><td>减免税额</td><td>应纳税额</td></tr>
<tr><td></td><td></td><td></td><td></td><td></td><td></td></tr>
<tr><td>申报减免理由</td><td colspan="5"></td></tr>
<tr><td colspan="2">纳税人签章：</td><td colspan="3">法人代表签章：</td><td>申报人（授权委托人）签章：</td></tr>
</table>

9．天地有限公司位于山东省济南市建设路 8 号，联系电话为（0531）86211198，税务登记号为 370102102550367，开户银行为中国工商银行济南建设路支行，账号为 0200041909208904567。该公司于 2013 年 6 月出售一幢写字楼，收入总额为 6 000 万元，开发该写字楼有关支出：支付地价款及各种费用 500 万元；房地产开发成本 1 000 万元；支付银行利息 500 万元（能按转让房地产项目计算分摊利息支出并能提供金融机构证明），包括支付利息支出之外的房地产开发费用 200 万元，转让环节支付的有关税费 300 万元。济南市政府规定的其他房地产开发费用计算扣除比例为 5%。要求：填写该公司土地增值税申报表。

土地增值税申报表

纳税人识别号：

税务管理代码：

填表日期：　年　月　日　　　　金额单位：元

<table>
<tr><td>纳税人名称</td><td colspan="4"></td><td>税款所属时期</td><td></td></tr>
<tr><td>地　址</td><td colspan="2"></td><td>开户银行</td><td></td><td>账号</td><td></td></tr>
<tr><td colspan="3">项　目</td><td colspan="2">行　次</td><td colspan="2">金　额</td></tr>
<tr><td colspan="3">一、转让房地产收入总额（2+3）</td><td colspan="2">1</td><td colspan="2"></td></tr>
<tr><td rowspan="2">其中</td><td colspan="2">货币收入</td><td colspan="2">2</td><td colspan="2"></td></tr>
<tr><td colspan="2">实物收入及其他收入</td><td colspan="2">3</td><td colspan="2"></td></tr>
<tr><td colspan="3">二、扣除项目金额合计（5+6+7+14+17+22）</td><td colspan="2">4</td><td colspan="2"></td></tr>
<tr><td colspan="3">1．取得土地使用权所支付的金额</td><td colspan="2">5</td><td colspan="2"></td></tr>
<tr><td colspan="3">2．旧房及建筑物的评估价格</td><td colspan="2">6</td><td colspan="2"></td></tr>
<tr><td colspan="3">3．房地产开发成本（8+9+10+11+12+13）</td><td colspan="2">7</td><td colspan="2"></td></tr>
</table>

续表

项目		行次	金额
其中	土地征用及拆迁补偿费	8	
	前期工程费	9	
	建筑安装工程费	10	
	基础设施费	11	
	公共配套设施费	12	
	开发间接费用	13	
4．房地产开发费用（15+16）		14	
其中	利息支出	15	
	其他房地产开发费用	16	
5．与转让房地产有关的税金等（18+19+20+21）		17	
其中	营业税	18	
	城市维护建设税	19	
	教育费附加	20	
	印花税	21	
6．财政部规定的其他扣除项目		22	
三、增值额（1-4）		23	
四、增值额与扣除项目金额之比（%）（23÷4）		24	
五、适用税率（%）		25	
六、速算扣除系数（%）		26	
七、应缴土地增值税税额（23×25-4×26）		27	
八、已缴土地增值税税额		28	
九、应补（退）土地增值税税额（27-28）		29	

<table>
<tr><td colspan="2">如纳税人填报，由纳税人填写以下各栏</td><td colspan="4">如委托代理人填报，由代理人填写以下各栏</td><td>备注</td></tr>
<tr><td rowspan="3">会计主管

（签章）</td><td rowspan="3">纳税人

（章）</td><td>代理人名称</td><td></td><td colspan="2" rowspan="2">代理人
（章）</td><td rowspan="3"></td></tr>
<tr><td>代理人地址</td><td></td></tr>
<tr><td>经 办 人</td><td></td><td>电话</td><td></td></tr>
<tr><td colspan="7">以下由税务机关填写</td></tr>
<tr><td>收到申报表日期</td><td colspan="2"></td><td>接收人</td><td colspan="3"></td></tr>
</table>

第八章

财产税类

学习纲要

一、知识要点

1. 房产税的征税范围

房产税的征税范围为城市、县城、建制镇和工矿区内的房屋。其中，城市的征税范围为市区、郊区和市辖县县城，不包括农村；建制镇的征税范围为镇人民政府所在地，不包括所辖的行政村；工矿区是指工商业比较发达，人口比较集中，但尚未设立建制镇的大中型工矿企业所在地，开征房产税的工矿区须经省、自治区、直辖市人民政府批准。

2. 房产税的计税依据与税率

计税依据：纳税人自用的房产，计税依据为房产余值；纳税人出租的房产，计税依据为房产租金收入。

税率：房产税采用比例税率，纳税人自用的房产，税率为 1.2%，即按房产余值的 1.2%计征；纳税人出租的房产，税率为 12%，即按房产租金收入的 12%计征（个人出租住房，按 4%计征）。

3. 房产税的计算

纳税人自用房产：应纳税额＝应税房产原值×（1－扣除比例）×1.2%

纳税人出租房产：应纳税额＝应税房产租金收入×12%（或 4%）

4. 房产税的纳税时间

将原有房产用于生产经营，从生产经营之月起；自行新建房屋用于生产经营，从建成次月起；委托施工企业建设的房屋，从办理验收手续次月起；纳税人购置新建商品房，自房屋交付使用次月起；购置存量房，自办理房屋权属转移、变更登记手续，房地产权属登记机关签发房屋权属证书的次月起；纳税人出租、出借房产，自交付出租、出借房产的次月起；房地产开发公司自用、出租、出借本企业建造的商品房，自房屋使用或交付的次月起，缴纳房产税。

5. 契税的纳税人和征税范围

纳税人：契税纳税人是指在我国境内承受土地、房屋权属的单位和个人。

征税范围：发生土地使用权和房屋所有权权属转移的土地和房屋。具体征税范围包括：国有土地使用权出让；土地使用权转让，包括出售、赠与和交换（不包括农村集体土地承包经营权的转移）；房屋买卖；房屋赠与；房屋交换。

土地、房屋权属以下列方式转移的，视同土地使用权转让、房屋买卖或者赠与行为：以土地、房屋权属作价投资、入股；以土地、房屋权属抵债；以获奖方式承受土地、房屋权属；以预购方式或预付集资建房款方式承受土地、房屋权属。

6. 契税的计税依据与税率

计税依据：国有土地使用权出让、土地使用权出售、房屋买卖，计税依据为成交价格；土地使用权赠与、房屋赠与，计税依据为税务机关参照市场价格核定的价格；土地使用权交换、房屋交换，计税依据为所交换的土地使用权、房屋价格的差额。土地使用权交换、房屋交换，交换价格不相等的，由多交付货币、实物、无形资产或者其他经济利益的一方缴纳税款；交换价格相等的，免征契税。

税率：契税实行幅度比例税率，税率幅度为3%～5%。具体执行税率，由省、自治区、直辖市人民政府在规定幅度内根据本地区实际情况确定。

7. 契税税额的计算

应纳税额＝计税依据×税率

8. 车船税的纳税人和征税范围

纳税人：是在中华人民共和国境内属于本法所附《车船税税目税额表》规定的车辆、船舶（以下简称车船）的所有人或者管理人。从事机动车第三者责任强制保险业务的保险机构为机动车车船税的扣缴义务人。其中，所有人是指在我国境内拥有车船的单位和个人；管理人是指对车船具有管理权或者使用权，不具有所有权的单位。

征税范围：是依法应当在车船登记管理部门登记的机动车辆和船舶，以及依法不需要在车船登记管理部门登记的在单位内部场所行驶或者作业的机动车辆和船舶。

9. 车船税的计税依据与税率

计税依据：车船税实行从量计征的方法。按车船的种类和性能，分别确定了辆、整备质量、净吨位、艇身长度四种计税标准。① 乘用车、商用车客车、摩托车的计税依据为车辆的辆数，其中对乘用车按排气量征税；② 商用车货车、挂车、其他车辆专用作业车和轮式专用机械车的计税依据为整备质量吨位；③ 机动船舶的计税依据为净吨位，游艇的计税依据为艇身长度。

税率：为平衡不同种类、等级车辆与船舶的税收负担，考虑各地的经济发展水平，车船税采用分类分级幅度定额税率。

10. 车船税应纳税额的计算

乘用车、商用车客车、摩托车应纳税额＝辆数×适用单位税额
商用车货车应纳税额＝整备质量吨位数×适用单位税额
挂车应纳税额＝相同整备质量的货车整备质量吨位数×适用单位税额×50%
机动船舶应纳税额＝净吨位数×适用单位税额
拖船和非机动驳船应纳税额＝净吨位数×适用单位税额×50%
游艇应纳税额＝艇身长度×适用单位税额

11. 车船税纳税方法和纳税期限

纳税方法：一是由扣缴义务人在收取保险费时依法代收，代收时应当在机动车交通事故责任强制保险的保险单以及保费发票上注明已收税款的信息，作为代收税款凭证；二是没有扣缴义务人的，由纳税人向主管税务机关自行申报缴纳。

纳税期限：车船税按年申报，分月计算，一次性缴纳。

二、能力目标

- 学会房产税、契税、车船税应纳税额的计算。
- 学会作为优秀办税员应如何按时申报与缴纳财产税。
- 会用所学税收知识分析当前热点问题。

三、情感目标

- 树立诚实守信、纳税光荣的观念。
- 培养实事求是、尊重经济规律的科学态度和工作作风。
- 增强学生参加税收征管实践活动的意识。

重点与难点解析

一、学习重点

1．房产税的纳税人、征税范围及应纳税额的计算。
2．房产税、契税、车船税的征税范围及应纳税额的计算。

二、学习难点

1．车船税应纳税额的计算。
2．纳税申报表的填写与使用。

本章法规索引

1. 《关于调整房地产交易环节税收政策的通知》
2. 《中华人民共和国房产税暂行条例》
3. 《中华人民共和国契税暂行条例》
4. 《中华人民共和国契税暂行条例细则》
5. 《中华人民共和国车船税法》
6. 《中华人民共和国车船税法实施条例》

强化训练

一、单项选择题

1．融资租赁房屋在租赁期内房产税的纳税人是（　　）。

A．出租方

B．承租方

C．由当地税务机关根据实际情况确定

D．由出租方和承租方协商确定

2．房产不在同一地方的纳税人，应（　　）的税务机关缴纳房产税。

A．向户口所在地

B．向纳税人居住的房产所在地

C．按房产的坐落地点，分别向房产所在地

D．按房产的坐落地点，选择向任一处房产所在地

3．下列关于房产税纳税人的表述中，不正确的是（　　）。

A．房屋产权出典的由承典人纳税

B．房屋出租的由承租人纳税

C．房屋产权未确定的由代管人或使用人纳税

D．产权人不在房屋所在地的由代管人或使用人纳税

4．下列各项需要缴纳房产税的是（　　）。

A．某市的露天游泳池　　B．工矿区内的砖瓦石灰窑

C．建制镇内的房屋　　D．房地产开发企业开发的待售商品房

5．某企业共有房产原值为 2 000 万元，2013 年 1 月 1 日将其中的 30%用于对外投资联营，投资期限 10 年，每年固定利润分红 50 万元，不承担投资风险。已知当地政府规定的扣除比例为 20%，该企业 2013 年度应纳房产税（　　）万元。

A．24　　B．19.44

C．17.4　　D．13.44

6．下列属于契税的纳税人的是（　　）。

A．购买商品房的客户

B．销售商品房的房地产公司

C．出让土地使用权的土地管理局

D．承受土地、房屋的医院

7．下列说法正确的是（　　）。

A．承租房产的，免征契税

B．接受房产投资的一律不得免征契税

C．接受房产捐赠的企业，应当计征契税

D．依据遗嘱继承房产的一律免征契税

8．契税的纳税义务发生时间是（　　）。

A．签订土地、房屋权属转移合同或合同性质凭证的当天

B．签订土地、房屋权属转移合同或合同性质凭证的 7 日内

C．签订土地、房屋权属转移合同或合同性质凭证的 10 日内

D．签订土地、房屋权属转移合同或合同性质凭证的 30 日内

9．某公司 2013 年发生两笔互换房产业务，并已办理了相关手续。第一笔业务换出的房产价值 500 万元，换进的房产价值 800 万元；第二笔业务换出的房产价值 600 万元，换进的房产价值 300 万元。已知当地政府规定的契税税率为 3%，该公司应缴纳契税（　　）万元。

A．0

B．9

C．18

D．33

10．下列表述符合车船税征税现行规定的有（　　）。

A．电车不需缴纳车船税

B．半挂牵引车不需缴纳车船税

C．挂车不需缴纳车船税

D．拖船按照船舶税额的 50%计税

11．载货汽车车船税的计税标准是（　　）。

A．车辆的辆数

B．车辆的净吨位

C．车辆的排气量

D．自重每吨

12．某船舶公司拥有机动船舶 5 艘，每艘净吨位 50 吨，还有拖船 4 艘，每艘净吨位 30 吨，每吨税额为 3 元/年，则该公司应缴纳的车船税额是（　　）元。

A．1 000

B．930

C．1 480

D．2 080

13．下列汽车中，免征车船税的是（　　）。

A．国家机关自用汽车

B．警用车

C．外资企业使用的汽车

D．救护车

二、多项选择题

1．下列属于房产税暂行条例所指的房产是（　　）。

A．仓库

B．水塔

C．室内游泳池

D．包含中央空调在内的生产车间

2．下列关于房产税纳税义务发生时间的说法，正确的是（　　）。
A．纳税人出租、出借房产，自交付出租、出借房产之次月起
B．纳税人自行新建房屋用于生产经营，从建成之当月起
C．纳税人将原有房产用于生产经营，从生产经营之次月起
D．委托施工企业建设的房屋，从办理验收手续之次月起
3．下列关于房产税的征税办法中表述正确的有（　　）。
A．融资租赁房屋以房产余值为计税依据征税
B．个人在城镇的居民住房应征房产税，在农村的居民住房不征房产税
C．租入房产的，以租金计税
D．以房产投资收取固定收入，不承担风险的，以取得的固定收入为计税依据征税
4．按照房产税的有关规定，免征或暂不征收房产税的房产包括（　　）。
A．地下人防设施
B．为基建工地服务的各种临时性房屋工程结束后转让的
C．老年服务机构自用的房产
D．因大修导致连续停用半年以上的房屋
5．下列各项中，应当缴纳契税的有（　　）。
A．以房产等价换入土地使用权
B．为县政府置地建设办公楼
C．抵债所得的房地产
D．以低于市场30%的价格购入的房地产
6．契税纳税义务的发生时间是（　　）。
A．签订土地、房屋权属转移合同的当天
B．签订土地、房屋权属转移合同的次日
C．取得具有转移合同性质凭据的当天
D．取得具有转移合同性质凭据的次日
7．按照契税的有关规定，下列表述正确的有（　　）。
A．对拆迁居民因拆迁重新购置住房的，对购房成交价格中相当于拆迁补偿款的部分免征契税
B．契税由承受人纳税，即买方纳税
C．第一次购买住房的个人应征收契税
D．契税的纳税人也包括外籍个人
8．下列拥有车辆的单位和个人属于车船税纳税人的是（　　）。
A．中美合资公司　　B．日籍华人
C．港澳台同胞　　D．外国企业在中国境内的代表机构
9．下列对于车船税的说法不正确的有（　　）。
A．只对国内企业、单位和个人征收
B．就使用的车辆征税，不使用的车辆不征税
C．机动车车船税的扣缴义务人依法代收代缴车船税时，纳税人不得拒绝

D．车船的所有人或者管理人未缴纳车船税的，使用人应当代为缴纳车船税

10．按照我国现行税制的有关规定，车船税的计税依据有（　　）。

A．车船的净吨位　　B．车船的净值

C．车的辆数　　D．按自重每吨

11．关于车船税纳税地点的阐述，下列说法中正确的有（　　）。

A．纳税人是单位的，其纳税地点为经营所在地或机构所在地

B．纳税人为个人的，其纳税地点为住所所在地

C．企业车船上了外省车船牌照的，在经营所在地纳税

D．企业车船上了外省车船牌照的，在车船登记地纳税

12．下列车船中，可享受车船税减免政策的有（　　）。

A．货运车船　　B．农用汽车

C．警用车船　　D．捕捞用渔船

三、判断题

1．2013 年 3 月，张某因工作调动将原 A 市的住房按市场价租给刘某居住，按税法规定，可按 4%的税率缴纳房产税。（　　）

2．凡以房屋为载体，不可随意搬动的附属设备和配套设施，会计核算中与房屋分别记账与核算，不需要计入房产原值计征房产税。（　　）

3．对经营自用的房屋，以房产的原值作为计税依据。（　　）

4．纳税单位与免税单位共同使用的房屋，按各自使用的部分划分，分别征收或免征房产税。（　　）

5．境内承受转移土地、房屋权属的单位和个人为契税的纳税人，但不包括外商投资企业和外国企业。（　　）

6．契税实行 3%～5%的幅度税率，各级政府可根据本地区经济情况，确定具体适用的税率。（　　）

7．承受荒山，荒丘，荒沟土地使用权，用作苗圃建设，也应缴纳契税。（　　）

8．企业破产，对债权人（包括破产企业职工）承受破产企业土地、房屋权属以抵偿债务的，免征契税。（　　）

9．从事机动车交通事故责任强制保险业务的保险机构，在向纳税人依法代收代缴车船税时，纳税人可以选择向保险机构缴纳，也可以选择向当地地方税务局缴纳。（　　）

10．在机场、港口以及其他企业内部场所行驶或者作业，并在车船管理部门登记的车船，应当缴纳车船税。（　　）

11．车船税的纳税义务发生时间，为车船管理部门核发的车船登记证书或者行驶证书所记载日期的当月。（　　）

12．对市内公共汽车、出租汽车可暂免征收车船税。（　　）

四、简答题

1．什么是财产税？它的特点有哪些？

2．房产税的纳税人及计税依据是如何规定的？

3．什么是契税？其特点及征税项目有哪些？

4．契税的计税依据是如何规定的？

5．车船税的征税范围如何规定的？

6．车船税的税额是怎样规定的？

五、综合实训题（计算结果保留两位小数）

1．博远公司位于江山市大桥路 58 号，联系电话为 87516235，该公司《税务登记证》登记号为 370110661361953，开户银行为中国工商银行华山支行。2013 年该公司拥有坐落在市区的三幢房屋，均为钢筋混凝土结构。其中两幢用于本企业生产经营，账面原值共 450 万元，年初对其进行了装修，花费 50 万元；另一幢房屋账面原值为 180 万元，出租给某私营企业，年租金为 20 万元。计算该公司 2013 年应纳房产税额并填报房产税纳税申报表（按房产原值一次扣除 30%）。

房产税纳申报表

填表日期：　　年　月　日

地税纳税代码：

税务登记证号：　　　　　　　　　　　　　　　　　　金额单位：人民币元（列至角分）

<table>
<tr><td colspan="2">纳税人名称</td><td colspan="5"></td><td colspan="2">税款所属时期</td><td></td></tr>
<tr><td colspan="3">坐落地点</td><td colspan="4">建筑面积</td><td colspan="3">房屋结构</td></tr>
<tr><td colspan="3"></td><td colspan="4"></td><td colspan="3"></td></tr>
<tr><td colspan="3"></td><td colspan="4"></td><td colspan="3"></td></tr>
<tr><td colspan="3"></td><td colspan="4"></td><td colspan="3"></td></tr>
<tr><td colspan="2">房产原值</td><td>扣除率</td><td colspan="2">计税依据</td><td colspan="2">税率</td><td rowspan="2">年应纳税额</td><td rowspan="2">缴纳次数</td><td rowspan="2">本期应纳税额</td></tr>
<tr><td>自用</td><td>出租</td><td>30%</td><td>房产余值</td><td>租金收入</td><td>自用</td><td>出租</td></tr>
<tr><td></td><td></td><td></td><td></td><td></td><td>1.2%</td><td>12%</td><td></td><td>2</td><td></td></tr>
<tr><td></td><td></td><td></td><td></td><td></td><td></td><td></td><td></td><td></td><td></td></tr>
<tr><td></td><td></td><td></td><td></td><td></td><td></td><td></td><td></td><td></td><td></td></tr>
<tr><td></td><td></td><td></td><td></td><td></td><td></td><td></td><td></td><td></td><td></td></tr>
<tr><td colspan="3">合　　计</td><td></td><td></td><td></td><td></td><td></td><td></td><td></td></tr>
<tr><td colspan="5">如纳税人填报，由纳税人填写以下各栏</td><td colspan="5">如委托代理人填报，由代理人填写以下各栏</td></tr>
<tr><td colspan="2" rowspan="3">会计主管
（签章）</td><td rowspan="3">办税人员
（签章）</td><td colspan="2" rowspan="3">纳税人
（签章）</td><td colspan="2">代理人名称</td><td colspan="3">（签章）</td></tr>
<tr><td colspan="2">代理人地址</td><td colspan="3"></td></tr>
<tr><td colspan="2">经办人</td><td></td><td>电话</td><td></td></tr>
<tr><td colspan="10">以下由税务机关填写</td></tr>
<tr><td colspan="2">收到申报表日期</td><td colspan="3"></td><td colspan="2">接收人</td><td colspan="3"></td></tr>
<tr><td colspan="2">完税日期</td><td colspan="3"></td><td colspan="2">完税凭证号码</td><td colspan="3"></td></tr>
</table>

2．市民郑军拥有四间房屋（面积相同），原值 200 000 元，2013 年上半年，全部房屋均用于居住。下半年，郑军将其中的两间用于开餐馆，一间按市场价格出租给他人居住，月租金 1 200 元，下半年共收取租金 7 200 元；剩余一间个人居住。当地政府规定的扣除比例为 10%，计算郑军本年度应缴纳的房产税。

3．江山市昌盛街 56 号居民张基俊购买本市花园路 99 号花苑小区住房一套，并在 2012 年 12 月 28 日与开发商江山市齐天房地产开发公司（航运路 128 号）签订了购房合同，合同载明住房面积 90 平方米，单价 6 000 元/平方米，合同价格 540 000 元。该合同另有附加协议为购地下室 15 平方米，成交价格 60 000 元，房款总额为 600 000 元（契税税率为 1%）。

（1）张基俊应于何时提交何种材料进行纳税申报？

（2）计算张基俊应缴纳的契税并填报契税纳税申报表。

契税纳税申报表

填表日期：　　年　月　日　　　　　　　　　　　　　　　　　单位：元、平方米

承受方	名　称			识别号	
	地　址			联系电话	
转让方	名　称			识别号	
	地　址			联系电话	
土地、房屋权属转移	合同签订时间				
	土地、房屋地址				
	权属转移类别				
	权属转移面积				平方米
	成交价格				元
适用税率					
计征税额					元
减免税额					元
应纳税额					元
纳税人员签章			经办人员签章		
（以下部分由征收机关负责填写）					
征收机关收到日期		接收人		审核日期	
审核记录					
审核人员签章			征收机关签章		

4．李强住房因市政规划被拆迁，其拆迁面积为72平方米，享受货币安置补偿3 800元/平方米，共计补偿金额273 600元。李强于2013年9月8日签订合同购买步行街门面房85.3平方米，单价4 500元/平方米，价款总计383 850元（契税税率为1.5%）。

（1）拆迁安置补偿的有关契税政策是如何规定的？

（2）计算李强应缴纳的契税。

5．江山市海洋运输公司《税务登记证》登记号为370108561361986，2013年1月该公司拥有8吨载重汽车10辆，5吨载重汽车5辆，大客车8辆，中型客车4辆，小轿车3辆；机动船舶2艘，其中净吨位10 000吨机动船一艘，5 000吨机动船一艘。当地车船税年税额为：载重汽车每吨96元，大客车每辆600元，中型客车每辆480元，小轿车每辆420元；船舶净吨位201～2 000吨，每吨4元，2 001～10 000吨，每吨5元。计算2013年该公司所拥有的车辆、船舶应缴纳的车船税并填报车船税纳税申报表。

车船税纳税申报表

纳税人识别号

纳税人名称：（公章）

税款所属期限：自　　年　月　日至　　年　月　日

填表日期：　　年　月　日　　　　　　　　　　　　　　　　　　金额单位：元

车船类别		计税单位	税额标准	数量	吨位	本期应纳税额	本期已缴税额	本期应补（退）税额
载客汽车	乘坐人数大于或等于20人	每辆						
	乘坐人数大于9人小于20人	每辆						
	乘坐人数小于或等于9人	每辆						
	发动机气缸总排气量小于等于1升	每辆						
载货汽车（包括半挂牵引车、挂车）		自重每吨						
三轮汽车		自重每吨						
低速货车		自重每吨						
摩托车		每辆						
专项作业车		自重每吨						
轮式专用机械车		自重每吨						
小计			—					

续表

车船类别			计税单位	税额标准	数量	吨位	本期应纳税额	本期已缴税额	本期应补（退）税额
船舶	机动船舶	净吨位不超过 200 吨	每吨	3 元					
船舶	机动船舶	净吨位超过 200 吨但不超过 2000 吨	每吨	4 元					
船舶	机动船舶	净吨位超过 2000 吨但不超过 10000 吨	每吨	5 元					
船舶	机动船舶	净吨位超过 10000 吨	每吨	6 元					
船舶	小计			—					
船舶	游艇	艇身长度不超过 10 米	每米	600 元					
船舶	游艇	艇身长度超过 10 米但不超过 18 米的	每米	900 元					
船舶	游艇	艇身长度超过 18 米但不超过 30 米	每米	1300 元					
船舶	游艇	艇身长度超过 30 米	每米	2000 元					
船舶	游艇	辅助动力帆艇	每米	600 元					
船舶	小计			—					
合计									

纳税人或代理人声明：纳税申报表是根据国家税收法律的规定填报的，我确信它是真实的、可靠的、完整的。	如纳税人填报，由纳税人填写以下各栏					
	经办人（签章）		会计主管（签章）		法定代表人（签章）	
	如委托代理人填报，由代理人填写以下各栏					
	代理人名称		代理人（公章）			
	经办人（签章）					
	联系电话					

第九章

行为税类

学习纲要

一、知识要点

1. 印花税的纳税人和征税范围

印花税的纳税人分别称为立合同人、立据人、立账簿人、领受人和使用人 5 种。

印花税的征税范围为税法列举的应税凭证，税法未列举的不纳税。现行税法列举的应税凭证包括经济合同、产权转移书据、营业账簿、权利、许可证照和经财政部批准的其他凭证五大类。

2. 印花税的税率

印花税税率设有比例税率和定额税率两种形式，其中各类合同和具有合同性质的凭证、产权转移书据、营业账簿中记载资金的账簿，适用比例税率，共 4 个档次，分别为 0.05‰、0.3‰、0.5‰、1‰；权利、许可证照和营业账簿税目中的其他账簿，适用定额税率，均为按件贴花，税额为 5 元。

3. 印花税的计算

从价定率计算：应纳税额＝应税凭证计税金额×适用税率

从量定额计算：应纳税额＝凭证数量×单位税额

4. 印花税的纳税方法

印花税的纳税，根据税额大小、贴花次数以及税收征收管理的需要，分别采用自行贴花、汇贴或汇缴、委托代征三种办法。

5. 车辆购置税的基本内容

征税范围：包括汽车、摩托车、电车、挂车、农用运输车。

纳税人：在中华人民共和国境内购置应税车辆的所有单位和个人。

税率：现行车辆购置税的税率为 10%。

6. 车辆购置税的计算

车辆购置税实行从价定率、价外征收的方法计征，计算公式：

应纳税额＝计税价格×税率

7. 城市维护建设税的基本内容

纳税人：是指负有缴纳增值税、消费税、营业税“三税”义务的单位和个人，包括国有企业、集体企业、私营企业、股份制企业、外商投资企业、外国企业、行政事业单位、军事单位、社会团体以及个体工商户及其他个人（含外籍个人）。

税率：按纳税人所在地的不同，设置了三档地区差别比例税率，即纳税人所在地为市区的，税率为 7%；纳税人所在地为县城、镇的，税率为 5%；纳税人所在地不在市区、县城或者镇的，税率为 1%。

计税依据：是纳税人实际缴纳的增值税、消费税、营业税税额相加之和，即实际缴纳的“三税”税额之和。城建税没有独立的计税依据。

8. 城市维护建设税的计算方法

应纳税额＝实际缴纳的增值税、消费税、营业税之和×适用税率

9. 教育费附加的基本内容

征收范围及计征依据：教育费附加以缴纳增值税、消费税、营业税的单位和个人实际缴纳的“三税”税额为计征依据，分别与增值税、消费税、营业税同时缴纳。

教育费附加率：现行教育费附加率为 3%。

10. 教育费附加的计算

应缴教育费附加额＝实际缴纳增值税、纳消费税、营业税税额之和×教育费附加率

二、能力目标

- 能够熟练表述印花税、车辆购置税和城市维护建设税的征税范围及计算办法。
- 能够熟练进行行为类税的申报与缴纳工作。

三、情感目标

- 培养良好的职业道德习惯。
- 争做一名知法守法、按时纳税的优秀办税员。

重点与难点解析

一、学习重点

- 印花税的征税范围、计税依据、计算和纳税方法。
- 车辆购置税的征税范围、税率和计算。
- 城市维护建设税的纳税人、计税依据、税率和计算。

二、学习难点

- 印花税的征税范围、计算和纳税方法。
- 车辆购置税的征税范围和相关计算。
- 纳税申报表的填写与使用。

本章法规索引

1.《中华人民共和国印花税暂行条例》
2.《中华人民共和国车辆购置税暂行条例》
3.《车辆购置税征收管理办法》
4.《中华人民共和国城市维护建设税暂行条例》
5.《征收教育费附加的暂行规定》
6.《车辆购置税征收管理办法》
7.《国务院关于统一内外资企业和个人城市维护建设税和教育费附加制度的通知》

强化训练

一、单项选择题

1. 下列关于印花税的论述中，正确的是（　　）。
A. 印花税是对经济活动和经济交往中书立、领受的应税经济凭证所征收的一种税
B. 印花税最早起源于法国
C. 印花税兼有财产税和行为税的性质
D. 印花税税负较重
2. 应纳印花税的凭证应当于（　　）贴花。
A. 年终汇算时　　B. 按季汇总后
C. 书立或领受时　　D. 开始履行时
3. 对于下列关于印花税纳税人的叙述中，错误的有（　　）。

A．书立各类经济合同时，以合同的当事人为纳税人

B．所谓当事人，是指对凭证负有直接或间接权利义务关系的单位和个人

C．现行印花税纳税人包括外商投资企业和外国企业

D．建立营业账簿的，以立账簿人为纳税人

4．车辆购置税的纳税义务人不包括（　　）。

A．购买者　　B．获奖者

C．馈赠人　　D．受赠人

5．纳税人购买自用或者进口自用应税车辆，申报的计税价格低于同类型应税车辆的最低计税价格，又无正当理由的，按照（　　）征收车辆购置税。

A．最低计税价格　　B．市场价格

C．发票价格　　D．评估价格

6．根据车辆购置税的征管规定，下列说法正确的是（　　）。

A．纳税人购置应税车辆，向购买车辆所在地的税务机关申报纳税

B．纳税人购置应税车辆，向车辆登记注册地的税务机关申报纳税

C．纳税人购置应税车辆，自购买之日起 50 日内申报纳税

D．纳税人进口应税车辆，自进口之日起 90 日内申报纳税

7．不缴纳城市维护建设税的是（　　）。

A．国有企业　　B．个人

C．私营企业　　D．外国企业

8．由受托方代征代扣“三税”的单位和个人，其代征代扣的城建税按（　　）税率执行。

A．委托方所在地　　B．受托方所在地

C．由税务机关决定　　D．双方协商

9．城建税按（　　）的不同，设置三档适用税率。

A．纳税人体制　　B．纳税人的利润

C．纳税人所在地区　　D．税务机关的要求

10．现行教育费附加的征收率为（　　）。

A．1%　　B．2%

C．3%　　D．5%

二、多项选择题

1．下列合同中，应作为印花税征税对象的包括（　　）。

A．仓储、保管合同

B．企业或个人出租门店、柜台所签订的租赁合同

C．银行同业拆借所签订的借款合同

D．会计师事务所所签订的会计咨询合同

2．印花税的税率形式有（　　）。

A．定额税率　　B．超额累进税率
C．比例税率　　D．全额累进税率

3．印花税中规定记载资金的账簿是指记载（　　）。
A．现金的账簿　　B．银行存款
C．实收资本　　D．资本公积

4．某单位有（　　）等权利、许可证照，应贴印花税票。
A．房屋产权证　　B．工商营业执照
C．商标注册证　　D．税务登记证

5．车辆购置税的征收范围包括有（　　）。
A．摩托车　　B．电车
C．农用运输车　　D．汽车

6．车辆购置税的特点是（　　）。
A．征收范围单一　　B．征收环节单一
C．税率单一　　D．征收方法单一

7．下列单位中，不属于城市维护建设税纳税人的是（　　）。
A．社会团体　　B．国有企业
C．外国企业　　D．外商投资企业

8．城市维护建设税具有下列哪些特点（　　）。
A．广泛征收　　B．属于特定目的的税
C．是一种附加税　　D．用于资源开发设施建设

9．开征教育费附加的目的是（　　）。
A．多渠道筹集教育经费　　B．改善中小学办学条件
C．改善大中专院校办学条件　　D．促进地方教育事业的发展

10．下列说法符合教育费附加规定的是（　　）。
A．纳税人缴纳“三税”的地点，就是该纳税人缴纳教育费附加的地点
B．只要缴纳增值税、消费税、营业税的企业都应缴纳教育费附加
C．海关对进口产品代征的增值税、消费税、不征收教育费附加
D．纳税人因延迟缴纳而补缴“三税”的，教育费附加应同时补缴

三、判断题

1．如果一份合同由两方或两方以上当事人共同签订，签订合同的各方都是印花税的纳税人。（　　）

2．根据印花税暂行条例的规定，书立应税合同应当贴花，但是，如果已按规定贴花的合同没有兑现，税务机关应将印花税退还给纳税人。（　　）

3．车辆购置税的特点：征收范围单一，征收环节单一，税率单一，征收方法单一。（　　）

4．自产、受赠、获奖和以其他方式取得并自用应税车辆的，应当自取得之日起6个月

内申报纳税。（　　）

5．城建税的纳税义务发生时间及纳税期限与“三税”一致。（　　）

6．进口商品需要缴纳增值税、消费税，但不缴纳城市维护建设税。（　　）

7．城建税的征税范围不包括农村。（　　）

8．对出口商品退还增值税、消费税的，不退还已缴纳的城市维护建设税。但如果免征或减征“三税”，也就同时免征或减征城市维护建设税。（　　）

9．教育费附加的计税依据为纳税人已纳的增值税、消费税、营业税和城建税。（　　）

10．对“三税”实行先征后返、先征后退、即征即退办法的，除另有规定外，对随“三税”附征的城市维护建设税和教育费附加，应该一并予以退（返）还。（　　）

四、简答题

1．印花税的征税范围包括哪五类？

2．印花税的纳税人分为哪些？

3．车辆购置税的纳税人是谁？其计税价格如何确定？

4．城市维护建设税的征税范围、纳税人及税率是如何规定的？

5．怎样确定城市维护建设税的计税依据，如何计算应纳税额？

6．教育费附加的征收范围、计税依据及征收率是如何规定的？

7．城市维护建设税和教育费附加如何进行申报与缴纳？

五、综合实训题（计算结果保留两位小数）

1．同福经贸有限公司 2013 年年初总分类账记载的实收资本为 1 200 万元，2013 年增加的实收资本 20 万元，另设置其他营业明细账 12 本、企业法人营业执照 1 个、土地使用证一个。请计算该企业 2013 年度应缴纳的印花税。

2．万达公司 2013 年 6 月发生如下购车行为：

① 从济南重汽公司购入卡车一辆，发票总金额为 234 000 元；

② 进口一辆丰田牌小汽车，到岸价格为 800 000 元，已知关税税率为 50%，消费税税率为 8%。计算该公司应纳的车辆购置税税额。

3．张洪明（身份证号：370205197809220035）2013 年 9 月 20 日购入宝马牌轿车（排气量 3.0L）一辆自用，所付的价款（含增值税）共 585 000 元。请计算该人应缴纳的车辆购置税。

4．兴达公司位于上海市的市区，2013 年 9 月实际缴纳的增值税 36 万元，同时缴纳的消费税为 18 万元。宏发公司位于上海市的青浦（为上海郊区县城），2013 年 9 月缴纳营业税 10 万元，宏发公司不缴纳增值税。计算兴达公司和宏发公司 2013 年 9 月应纳的城市建设税和教育费附加。

5．澳美公司（纳税人识别号：370103450000202222）2013 年 9 月开业，当月发生了以下经济活动：

（1）领受工商执照、房产证、土地使用证和税务登记证各 1 件；

（2）订立购货合同一份，注明为金额 40 万元的材料；

（3）订立租房合同一份，租期 2 年，每年租金 10 万元；

（4）与市工商行签订借款合同，合同总金额为 100 万元；

（5）与某建筑公司签订一项建筑工程承包合同，金额 600 万元；

（6）与宏远公司签订非专利技术转让合同，价款 80 万元；

（7）企业记载资金的账簿中，“实收资本”、“资本公积”账户记载资金为 1 000 万元，其他营业账簿 10 本。

要求：● 计算该公司应纳印花税；

● 填制印花税纳税申报表。

印花税纳税申报表

填表日期　　年　月　日

纳税人识别号：　　　　　　　　　　　　　　　　　　　　金额单位：元（列至角分）

纳税人名称							税款所属时间			
应税凭证名称	件数	计税金额	税率	应纳税额	已纳税额	应补（退）税额	印花税票购买贴花情况			
							上期结存	本期购进	本期贴花	本期库存
1	2	3	4	5=2×4 或 3×4	6	7=5—6				
如纳税人填报，由纳税人填写以下各栏					如委托代理填报，由代理人填写以下各栏					备注
会计主管（签章）			纳税人（公章）		代理人名称			代理人（公章）		
					代理人地址					
					经办人姓名			电话		
以下由税务机关填写										
收到申报表日期								接收人		

6．李建国（身份证号码：370105197211170057）于 2013 年 12 月 10 日，从一汽大众汽车经销公司购买一辆型号为宝来自动豪华型（排气量：1.8L）轿车（厂牌型号：宝来 AB3329YKI；发动机号码：BLC020711；车辆识别代号：KMN9U36X201210689）供自己使用，支付含增值税车价款 17 万元，另支付代收临时牌照费 200 元，代收保险费 1 200 元，支付购买工具和零配件价款 2 800 元，车辆装饰费 1 300 元。支付的各项价费款均由大众公司开具“机动车销售统一发票”。该车适用的消费税税率为 5%。

要求：（1）计算李建国应缴纳的消费税和车辆购置税；

（2）填制车辆购置税纳税申报表。

车辆购置税纳税申报表

填表日期：　　年　月　日　　　　行业代码：　　　　注册类型代码：

纳税人名称：　　　　金额单位：元

<table>
<tr><td>纳税人证件名称</td><td colspan="2"></td><td colspan="2">证件号码</td><td colspan="2"></td></tr>
<tr><td>联系电话</td><td></td><td>邮政编码</td><td colspan="2"></td><td>地址</td><td></td></tr>
<tr><td colspan="7">车辆基本情况</td></tr>
<tr><td>车辆类别</td><td colspan="6">1．汽车；2．摩托车；3．电车；4．挂车；5．农用运输车</td></tr>
<tr><td>生产企业名称</td><td colspan="2"></td><td colspan="3">机动车销售统一发票（或有效凭证）价格</td><td></td></tr>
<tr><td>厂牌型号</td><td colspan="2"></td><td colspan="3">关税完税价格</td><td></td></tr>
<tr><td>发动机号码</td><td colspan="2"></td><td colspan="3">关税</td><td></td></tr>
<tr><td>车辆识别代号（车架号码）</td><td colspan="2"></td><td colspan="3">消费税</td><td></td></tr>
<tr><td>购置日期</td><td colspan="2"></td><td colspan="3">免（减）税条件</td><td></td></tr>
<tr><td>申报计税价格</td><td>计税价格</td><td>税　率</td><td colspan="2">免税、减税额</td><td colspan="2">应纳税额</td></tr>
<tr><td>1</td><td>2</td><td>3</td><td colspan="2">4＝2×3</td><td colspan="2">5＝1×3 或 2×3</td></tr>
<tr><td></td><td></td><td></td><td colspan="2"></td><td colspan="2"></td></tr>
<tr><td></td><td></td><td></td><td colspan="2"></td><td colspan="2"></td></tr>
<tr><td colspan="2">申报人声明</td><td colspan="5">授权声明</td></tr>
<tr><td colspan="2">此纳税申报表是根据《中华人民共和国车辆购置税暂行条例》的规定填报的，我相信它是真实的、可靠的、完整的。
声明人签字：</td><td colspan="5">如果你已委托代理人申报，请填写以下资料：
为代理一切税务事宜，现授权（　　），地址（　　）为本纳税人的代理申报人，任何与本申报表有关的往来文件，都可寄予此人
授权人签字：</td></tr>
</table>

续表

<table>
<tr><td rowspan="5">纳税人签名或盖章</td><td colspan="3">如委托代理人的，代理人应填写以下各栏</td></tr>
<tr><td>代理人名称</td><td></td><td rowspan="4">代理人（章）</td></tr>
<tr><td>地　址</td><td></td></tr>
<tr><td>经办人</td><td></td></tr>
<tr><td>电　话</td><td></td></tr>
<tr><td colspan="2">接收人：
接收日期：</td><td colspan="2">主管税务机关（章）：</td></tr>
</table>

7．金龙有限责任公司（纳税人识别号：370103450000201211）是一家位于济南市市区的轮胎生产企业，属于增值税一般纳税人，适用增值税税率为 17%，消费税税率为 10%，2013 年 9 月有关生产经营业务如下：

（1）销售 A 型轮胎，开具增值税专用发票，取得不含税销售额 220 万元；

（2）销售 B 型轮胎，开具普通发票，取得含税销售额为 40.95 万元；

（3）购进原材料取得增值税专用发票，注明支付的货款 100 万元，另外，支付购货的运输费用 5 万元，取得运输公司开具的普通发票。

要求：（1）请计算该企业 2013 年 9 月份应纳增值税、消费税、城市维护建设税及教育费附加；

（2）分别填写城市维护建设税纳税申报表和教育费附加申报表。

城市维护建设税纳税申报表

填表日期：　　年　月　日

纳税人识别号：　　　　金额单位：元（列至角分）

<table>
<tr><td>纳税人名称</td><td></td><td></td><td>税款所属时期</td><td></td><td></td></tr>
<tr><td>计税依据</td><td>计税金额</td><td>税率</td><td>应纳税额</td><td>已纳税额</td><td>应补（退）税额</td></tr>
<tr><td>1</td><td>2</td><td>3</td><td>4＝2×3</td><td>5</td><td>6＝4—5</td></tr>
<tr><td>增值税</td><td></td><td></td><td></td><td></td><td></td></tr>
<tr><td>营业税</td><td></td><td></td><td></td><td></td><td></td></tr>
<tr><td>消费税</td><td></td><td></td><td></td><td></td><td></td></tr>
<tr><td>合计</td><td></td><td></td><td></td><td></td><td></td></tr>
</table>

<table>
<tr><td colspan="2">如纳税人填报，由纳税人填写以下各栏</td><td colspan="3">如委托代理人填报，由代理人填写以下各栏</td><td>备注</td></tr>
<tr><td rowspan="3">会计主管
（签章）</td><td rowspan="3">纳税人
（公章）</td><td>代理人名称</td><td></td><td rowspan="2">代理人
（公章）</td><td rowspan="3"></td></tr>
<tr><td>代理人地址</td><td></td></tr>
<tr><td>经办人姓名</td><td></td><td>电话</td></tr>
</table>

教育费附加申报表

填表日期：　　年　月　日　　　　　开户银行：

账　　号：

纳税人识别号：　　　　　　　　　　　　　　　　　　　　　　　　金额单位：人民币元（列至角分）

纳税人名称		税款所属时期		自　年　月　日至　年　月　日	
计征依据	计征金额	附加率	应征额	已征额	应缴（退）费额
增值税					
营业税					
消费税					
合计：					

如缴纳人填写，由缴纳人填写以下各栏			如委托代理人填写，由代理人填写以下各栏			备　注
缴税人（签章）	经办人（签章）	会计主管（签章）	代理人名称		代理人（签章）	
			地址			
			电话			
			经办人			
以下由税务机关填写						
收到申报表日期		接收人（签章）		地方税务机关（签章）		

反侵权盗版声明

举报电话：（010）88254396；（010）88258888
传　　真：（010）88254397
E-mail：　dbqq@phei.com.cn
通信地址：北京市万寿路 173 信箱
　　　　　电子工业出版社总编办公室
邮　　编：100036